권 교수의
가치투자 이야기

소소한 노력만으로 성공하고자 하는 평범한 사람들을 위한 주식투자법
권 교수의 가치투자 이야기

1쇄 2022년 6월 30일

지은이 권용현

펴낸곳 (주)한국투자교육연구소 부크온
펴낸이 김재영
편집 이승호, 권효정
디자인 Gem
주소 서울시 영등포구 선유로9길 10, 문래 SK V1센터 1001호
전화 02-723-9004   **팩스** 02-723-9084
홈페이지 www.bookon.co.kr
블로그 blog.naver.com/bookonblog
이메일 book@itooza.com
출판신고 제2010-000003호(2008년 4월 1일 신고)

ISBN 979-11-978117-2-2 13320

◆ 부크온은 (주)한국투자교육연구소의 출판 브랜드입니다.
◆ 파손된 책은 구입하신 곳에서 교환해 드리며, 책값은 뒤표지에 있습니다.
◆ 무단전재나 무단복제를 금합니다.

VALUE INVESTING

권 교수의
가치투자 이야기

· 권용현 지음 ·

소소한 노력만으로 성공하고자 하는
평범한 사람들을 위한 주식투자법

차례

| 추천의 글 | 008
| 여는 글 | 주식시장에서 돈 벌고 싶어 하는 절대다수를 위한 안내서! 011
이 책에 관한 핵심 질문 11 015

| 첫 번째 대화 | 가치투자와 가치투자자 021
'가격'과 '가치'를 구분하라

권 교수의 ZOON IN
예상은 지나치게 멀리 예측하고, 투자는 지나치게 짧게 하는 경향이 있다 043

| 두 번째 대화 | 기술적 분석과 퀀트 047
퀀트투자자는 주식을 '숫자'로 받아들인다

권 교수의 ZOON IN
'훌륭한 기업'과 '게으른 투자자'는 최상의 조합 064

| 세 번째 대화 | 저평가와 본질가치 그리고 배당 067
일단, 싸게 사라

권 교수의 ZOON IN
주가가 떨어진 기업을 너무 쉽게 선택하기도 한다 089

| 네 번째 대화 | 기업가치평가 093
'나만의 가격표'는 필수다

권 교수의 ZOON IN
라면을 찬물에 넣어야 하나요, 끓는 물에 넣어야 하나요? 110

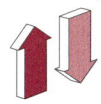

| 다섯 번째 대화 | 투자 습관　　　　　　　　　　　　　　　　　113
　　　　　　손해를 봤다는 것이 팔아야 할 이유는 아니다

권 교수의 ZOON IN
'교체매매'가 어려운 이유　　　　　　　　　　　　　　　131

| 여섯 번째 대화 | 탐욕과 분산투자 그리고 기대수익률　　　135
　　　　　　절제하고 또 절제하라

권 교수의 ZOON IN
'백만 원만 주세요'와 '백만 원만 빌려주세요'의 차이　　157

| 일곱 번째 대화 | 주주행동주의와 소액주주운동　　　　159
　　　　　　잘 하는 기업이 계속 잘한다

권 교수의 ZOON IN
프랜차이즈를 창업하는 사람들　　　　　　　　　　　　167

| 여덟 번째 대화 | ETF와 간접투자상품　　　　　　　　169
　　　　　　장점과 단점부터 파악하라

권 교수의 ZOON IN
'하인리히 법칙'과 '더닝-크루거 효과'　　　　　　　　　178

| 아홉 번째 대화 | 매크로 예측과 시황 분석　　　　　　181
　　　　　　초등학생 산수를 미분방정식으로 풀 이유는 없다

권 교수의 ZOON IN
매매횟수만 줄일 수 있다면, 만사 OK!　　　　　　　　190

| 열 번째 대화 | **부동산투자와 주식투자** 193
주식투자나 부동산투자나 본질은 같다

권 교수의 ZOON IN
'삼성전자'라는 이름의 바로미터 205

| 열한 번째 대화 | **'재테크 전문가'와 '투자 전문가'** 207
포기할 것은 반드시 포기하라

권 교수의 ZOON IN
지금 우리가 기대하는 CEO상 219

| 열두 번째 대화 | **실적 전망과 장기투자** 221
아는 만큼만 보이는 법이다

권 교수의 ZOON IN
잘 훈련된 '소비자의 눈'으로 투자하라 234

| 열세 번째 대화 | **우선순위와 트레이딩** 237
주식을 팔려면 배우자에게 먼저 물어보라

권 교수의 ZOON IN
손절매는 손실을 막아주지 못한다 245

| 열네 번째 대화 | **레버리지** 247
맞추면 두 배로 올라가지만, 틀리면 두 배로 떨어진다

권 교수의 ZOON IN
개인투자자에게 급락장은 '기회'다 255

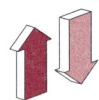

| 열다섯 번째 대화 | **해외투자와 금융위기** 　　　　　　　　　**257**
　　　　　　　　미국주식에 투자하듯이 그렇게 투자하라

　　권 교수의 ZOON IN
　　금융위기는 생각보다 훨씬 더 자주 나타난다 　　　　　**264**

| 열여섯 번째 대화 | **주식투자와 위험** 　　　　　　　　　　**267**
　　　　　　　　주식마다 위험의 크기가 다르다는 것을 알아야 한다

　　권 교수의 ZOON IN
　　'초심자의 행운'에 주의하라 　　　　　　　　　　　**273**

| 열일곱 번째 대화 | **워런 버핏과 가치투자** 　　　　　　　　**277**
　　　　　　　　당신에게 '워런 버핏'이란?

　　권 교수의 ZOON IN
　　주식시장은 감점제가 있는 시험이다 　　　　　　　　**284**

| '가치투자' 핵심 총정리 | 결과보다는 과정이다 　　　　　　**286**
| 마무리하는 글 | 그래서 내일 뭘 사면 됩니까? 　　　　　　**291**

추천의 글

한승헌(KAIST 기술경영학부 교수)

　내가 처음 권용현 박사를 만난 것은 12년 전인 2010년이었다. 당시 나는 KAIST에서 조교수로 있었고, 권용현 박사는 이제 막 대학원에 입학한 석사과정 신입생이었다.
　석사과정 신입생은 지도교수가 결정되어 있지 않기 때문에 입학 이후에 지도교수를 결정해야 한다. 그때 당시 대학원 연구방법론 강의(내가 아닌 다른 교수의 강의)에서는 논문의 개요를 작성하고 발표하는 것을 과제로 주었다. 그 연구방법론 논문을 지도하게 된 것이 인연의 시작이 되었다.
　이제는 오래된 기억이지만 권용현 박사가 가져왔던 주제는 매우 특이했다. 논문의 주제로서는 다소 다루기 어려워 보이고 협소하게도 보이는 주제였다. 하지만 화려하거나 전문적이지는 못했지만 문제의식과 보이고자 하는 바는 뚜렷했다. 또 하나 기억에 남는 것은 진지하게 본인의 연구 주제를 설명하고 이 연구의 결과가 사회적으로 어떤 기여를 할 수 있는지를 말하던 모습이다. 갓 입학한 대학원생이라 연구 역량이나 지식, 연구방법론의 선택, 선행연구 등 아직 부족한 면이 있었지만, 연구 주제가 무엇이고 예상되는 결과가 무엇이고 어떤 기대효과가 있을지에 대해서는 나름 많은 고민을 한듯 보였다.

처음부터 나는 권용현 박사가 성실하고 윤리적인 사람임을 분명하게 알고 있었다. 그는 항상 솔직했고, 연구자로서 자기가 지금 어떤 연구를 하고 있는지를 항상 소상하게 밝혔으며, 본인이 해보겠다고 한 일에 대해서는 정확하게 그렇게 했다. 그간 12년이라는 짧지 않은 세월이 흘러 석사과정 신입생이 이제는 조교수가 되었지만 나는 지금도 그의 말을 믿고 신뢰하고 있다.

대학원에서 주식과 투자에 대한 권용현 박사의 생각을 들을 일이 여러 번 있었다. 연구에 대해서 열정적인 만큼이나 주식과 투자에 대한 권용현 박사의 의견들은 독특했으며 논리적이었고 오랫동안 고민한 흔적이 역력했다.

본인의 주식 포트폴리오를 직접 보여준 적도 있었는데 그렇게 많은 주식들이 그렇게 높은 수익률로 몇 년씩이나 머물러 있는 포트폴리오를 본 적은 없었던 것 같다.

매년 그리고 지금까지 권용현 박사가 실적을 쌓아나가는 것을 가장 가까이에서 지켜본 나에게 이 책은 대단히 흥미로웠다. 나는 권용현 박사가 어떤 사람인지 그리고 그가 주식과 투자에 대해서 얼마나 열정적인지를 이미 알고 있었다. 하지만 연구자로서가 아닌 투자자로서는 구체적으로 어떤 문제들을 생각하고 고민하여 왔는지에 대해서도 좀 더 깊이 알고 싶었다.

그리고 이 책을 읽고 난 지금, 나는 주식과 투자에 대해서 그가 얼마나 진지하고 확고한 의견을 갖고 있는지 확신하게 되었다. 이 책은 투자자들과, 아직은 투자를 시작하지 않은 예비투자자들에게 들려줄 유용하면서도 실천적인 조언들을 전하고 있다. 이 책이 투자에 좀 더 진지하게 임해보고자 하는 모든 사람들에게 더없이 친절한 안내서가 될 수 있기를 희망한다.

여는 글

주식시장에서 돈 벌고 싶어 하는
절대다수를 위한 안내서!

최근 주식시장의 분위기는 예전과 많이 다릅니다. 일단, 열정적이고 도전적인 투자자들이 주식시장에 늘어났습니다. 마땅히 환영할 일입니다. 더욱 멋진 것은, 이전과는 달리 투자자들 스스로 공부의 필요성을 느끼고 있다는 점입니다.

단지 빠르고 손쉬운 이익을 원하던 이전과 달리, 열정적이고 진지하게 노력하는 투자자들이 점점 늘어나고 있다는 점은 분명 반가운 일입니다.

하지만 안타까움은 남습니다. 이와 같은 치열한 노력과 열정, 그리고 그렇게 쏟아 부은 시간들이 과연 정말로 '멋진' 투자의 성과로 이어질까요?

누구나 워런 버핏Warren Buffett처럼 성공하고 싶어 하지만 누구나 워런 버핏처럼 노력하거나 능력이 있는 것은 아닙니다. 그럼에도 불구하고 모든 투자자는 성공하고자 합니다. 그렇다면 어떻게 해야 할까요?

이 책의 목적은 두 가지입니다.

첫째, 이 책에서는 투자성과를 높이기 위해서 '반드시 필요한 지식'과 '꼭 필요하지는 않은 지식'이 무엇인지를 먼저 구분해보고자 합니다.

둘째, 최소한의 노력으로 최대한의 결과를 낼 수 있는 방향을 제안하고자 합니다. 비범한 노력을 하는 탁월한 사람들에게 성공의 방법을 찾아주는 것보다는 소소한 노력만으로도 성공할 수 있는 평범한 사람들을 위한 주식투자법이 지금 시대에는 더 필요하다고 생각합니다.

일을 수월하게 하는 방법 중 하나가 '목적'과 '방향'을 분명히 하는 것입니다.

예를 들어, 토익학원에 등록하는 목적은 영어를 잘 하기 위함이 아니라 원하는 토익점수를 얻기 위함입니다. 투자공부도 마찬가지입니다. 훌륭한 투자 성과와는 크게 관련이 없습니다. 저는 단지 어렵기만 한 지식들을 공부하는데 너무 많은 시간과 노력을 쏟아 부을 필요는 없다고 생각합니다. 투자자로서 돈을 벌기 위해 모두가 '투자 천재'가 될 필요도 없습니다.

이 책은 투자가가 따라야 할 명확한 길로서 '가치투자'를 지향합니다.

가치투자는 하나의 투자철학입니다. 공개된 투자전략 중 단연 논리적이고 합리적입니다. 벤저민 그레이엄Benjamin Graham에서 시작되어 워런 버핏이 '숫자'로 실증을 했습니다. 한마디로 충분히 검증된 투자방법론입니다.

다만, 전통적인 방법에 따라 개인투자자들이 스스로 성공적인 가치투자가가 되기 위해서는 막대한 시간과 엄청난 강도의 지적인 노동이 필요합니다. 하지만 현실적으로, 이를 감당할 능력이나 시간이 되는 사람은 그리 많지 않습니다.

이 책에서는 통상 '하면 좋다고 알려진 것들', 또는 '알아두면 좋다고 막연하게 알려진 것들'의 많은 부분들을 주식시장의 '놀라운 기능'에 위임하고자 합니다. 이렇게 함으로써 '단지 어렵기만 한 지식'보다는 '평범한 투자자들이 주식시장에서 적은 노력으로 만족스러운 수익을 낼 수 있는 방법'을 찾고자 합니다.

이 책은 '화려한 인생 역전 스토리'와는 거리가 멉니다. 독자들이 매일 밤을 새워가며 주식 유튜버들의 동영상을 보고, 미국시장과 선물시장의 흐름을 살피는 것 또한 바라지 않습니다. 만약, 놀라운 통찰력과 비범한 노력으로 '슈퍼개미'나 '한국의 워런 버핏'이 되는 것을 꿈꾸신다면 이 책은 어쩌면 그다지 도움이 되지 않을 수도 있습니다.

  이 책은 어디까지나 '주식시장에서 돈 벌고 싶어 하는 절대다수를 위한 안내서'로서 그 의미를 찾고자 합니다. 이 책을 읽은 독자들이 언젠가 "나는 주식시장에서 그렇게 치열하게 노력하지는 않았지만, 적어도 노력 이상의 멋진 결과를 얻었다"고 당당하게 말씀할 수 있기를 진심으로 바랍니다.

이 책에 관한 핵심 질문 11

Q 주식투자자는 종목과 수익률로 말해야 하겠지만, 13년 동안이나 주식 포트폴리오를 정기적으로 공개하고 있다는 것은 매우 놀랍습니다. 그렇게 할 수 있었던 이유가 따로 있었나요?

👤 말씀대로 종목과 수익률로 말해야 한다면, 종목과 수익률을 솔직하게 말해주는 것이 가장 좋은 방법이 아닌가 생각합니다. 지금이라도 누구든 아이투자www.itooza.com 포트폴리오 게시판이나 네이버카페 가치투자연구소cafe.naver.com/vilab에 들어가면 바로 확인해볼 수 있습니다.

Q 포트폴리오를 정기적으로 매월 공개하고 계신데, 이유가 있나요? 앞으로도 계속 공개할 생각인지도 말씀해주시면 좋겠습니다.

👤 가장 중요한 이유는 모니터링입니다. 매월 적어도 3,000~4,000명 이상의 사람들이 이 포트폴리오를 확인합니다. 누구나 포트폴리오를 볼 수 있다는 것은 충동적이거나 비합리적인 결정을 막는데 큰 보탬이 된다고 생각합니다. 앞으로도 공개는 계속할 생각입니다.

하지만 만약 포트폴리오 공개가 어떤 이유에서든 수익률을 크게 깎아 먹는다고 느껴진다면 그때는 더 공개할지 고민하게 될 것 같습니다.

Q 포트폴리오에, 굉장히 오랫동안 투자했는데 수익률이 마이너스인 기업들도 꽤 있습니다. 그런 기업들을 아직까지 갖고 있는 이유가 있나요?

👤 예전에 그 주식을 얼마에 샀든 그건 전혀 중요하지 않습니다. 앞으로 더 오를 것인가만 중요합니다.

주식을 팔고 사는 결정에서 최초매수가, 평균단가, 수익률 같은 건 아무 쓸모가 없습니다. 특히 평균단가가 올라갈 것을 무서워해서 지금 훌륭한 주식이 좋은 가격인데도 사지 않는다면 그것은 투자자에게 '가장 큰 실수'입니다. 항상 투자 결정은 현재의 본질가치와 현재의 주가만을 비교해서 결정해야 합니다.

Q 그렇다면 주식을 팔거나 살 때 갖고 있는 주식에 대한 보유기간이나 수익률은 전혀 고려하지 않는다는 말씀인가요?

👤 네. 정확합니다.

Q 그동안 책을 낸 많은 유명 투자자들에 비해 수익률이 그다지 높지는 않은 것 같습니다. 오히려 많이 낮은데요. 지금 수익률에 만족하시나요?

👤 네. 그렇습니다. 더 높은 수익률을 위해 더 큰 위험을 짊어질 생각도 아직 없습니다.

Q 대학에서 강의를 하고 계신 것으로 알고 있습니다. 교수님의 강의를 듣는 학생들이 이 책을 읽을 수도 있을 것 같습니다.

👤 전공으로 금융을 공부하는 대학생이라면, 이 책은 교양서로서만 의미가 있습니다. 이 책의 목표는 '왜' 다수의 개인투자자들이 그간 주식시장에서 큰 성과를 거두지 못했는지에 대한 고민을 통해, 적은 노력으로 크게 개선된 성과를 얻을 방법을 찾고자 하는 것입니다.

아무리 주식이 이론적으로 훌륭한 투자자산이라고 하더라도 그동안 수많은 개인투자자들이 주식시장에서 불편한 결과를 얻은 것은 사실입니다. 그것에는 반드시 이유가 있을 것입니다. 그 이유를 찾을 수 있다면 성공하기 위한 방법도 자연스럽게 찾을 수 있으리라 생각합니다.

Q 실제로 많은 개인투자자들이 주식시장에서 좋지 않은 성과를 거두는 것으로 알려져 있습니다. 가장 중요한 이유가 무엇이라 생각하십니까?

👤 처음에는 흔히 말하는 '대박' 기업, 애플이나 구글 같은 기업을 찾지 못했기 때문이라고 생각했습니다. 하지만 지금은 생각이 바뀌었습니다. 개인투자자가 실패하는 가장 결정적인 이유는 '절대로 투자하면 안 되는 기업'에 투자할 때가 너무 많기 때문입니다.

특히 대부분의 개인투자자들은 본인이 기업분석을 통해 그 기업에 대해 충분히 잘 알고 있다고 착각하고 투자해서 끔찍한 손해를 입는 경우가 한 번씩은 꼭 있습니다. 마치 사고가 난 중고차를 1억쯤 주고 사는 것과 같습니다. 이는 초보투자자들에게도 대단히 위험하지만 실력이 있는 투자자들조차 극복하기 쉽지 않은 문제라고 생각합니다.

Q 그렇다면 개인투자자에게 기업분석이 중요하지 않다는 말인가요?

🧑 그 이전 단계가 훨씬 더 중요하다는 이야기입니다.

기업분석은, 간단하게 말하자면 어떤 '기업'이라는 문제를 푸는 것과 같습니다. 하지만 문제풀이에 들어가기 전에, 먼저 그 문제가 정말 내가 풀어야만 하는 문제인지를 '확정'할 필요가 있습니다.

주식시장에는 절대로 손대서는 안 될 '위험한 문제'들이 정말 많습니다. 이런 문제들을 확실하게 피해나가는 것이 기업분석보다 선행되어야 한다고 생각합니다. 기업분석은 그 다음입니다.

Q 가장 중요한 것이 기업을 잘못 골라서라면, 두 번째나 세 번째로 중요한 것은 어떤 것을 꼽을 수 있을까요?

🧑 인간 본성과 관련된 문제가 하나 있습니다. 과도한 집중투자와 잦은 매매입니다. 이것들은 이성적으로 억제할 필요가 있습니다. 또 주식투자금의 우선순위를 충분히 올려서 기업의 주가와는 상관없이 파는 경우를 방지하는 것도 매우 중요합니다.

이러한 통제는 비록 주식투자 성과를 극적으로 올려주지는 못하지만, 재앙을 방지하는 것에 있어서는 대단히 중요합니다.

Q 이 책의 내용을 간단명료하게 요약한다면?

🧑 이 책은 개인투자자가 최소한의 노력으로 최대한 효율적으로 투자 성과를 높일 수 있는 방법을 찾고자 하였습니다. 그리고 주식투자를 하기 전에 미리 확고하게 정해둘 것이 무엇인지에 대해서도 살펴보았습니다.

Q 그럼 이 책에서 다루지 않은 내용들은 어떤 것이 있나요?

👤 이 책에서 다루고자 한 주제는 '투자'이지 '재테크'가 아닙니다.

투자를 위한 시드머니를 어떻게 모을지나, 주식과 부동산 등에 생애주기에 따라 자산을 어떻게 배분할지, 또는 부자가 되기 위한 마음가짐과 같은 내용에 관해서는 이미 훌륭한 책들이 많다고 생각합니다. 기업의 가치평가 방법론에 대한 내용도 간략하게만 소개하였습니다. 대부분의 개인투자자의 가장 큰 실수는 가치평가의 방법을 잘 모르거나 정확하게 가치평가를 못하고 있기 때문이 아니라고 생각합니다. 그보다는 투자하면 안 되는 기업에 투자하거나, 잘 모르는 기업에 대해 무모하게 투자하는 것이 훨씬 더 심각한 문제라고 생각합니다.

Q 지금 주식투자를 시작하고자 하는 투자자에게 꼭 해주고 싶은 말이 있다면?

👤 너무 많은 것을 알려고 애쓰지 않으셔도 됩니다. 자동차를 운전하기 위해서 자동차를 직접 조립할 필요까지는 없습니다. 안전벨트를 맬 때도 마찬가지입니다. 얼마나 안전해질지를 고민하고 맬 필요까지는 없습니다.

주식시장에서 성공하기 위해 해야 하는 것과 하지 않아야 하는 것은 이미 충분히 알려져 있습니다. 중요한 것은 그렇게 알려진 원칙을 끝까지 잘 지키는 것입니다. 그렇게만 한다면 누구든 주식시장에서 성공할 수 있다고 확신합니다.

첫 번째 대화

가치투자와 가치투자자

'가격'과 '가치'를 구분하라

Q. 반갑습니다. 이번 장에서는 많은 투자자들이 의문을 갖는 '왜 많은 개인투자자들이 궁극적으로 성공하지 못하는가?'에서 시작해 '현명한 투자자가 되기 위한 가장 합리적인 방법은 무엇일까?'에 대한 해답을 찾는 것이 될 것 같습니다. 결과적으로 많은 투자자들의 성공을 위한 대화가 되기를 바랍니다.

먼저, '넥클리스'란 필명으로 온라인 공간에서 내공 있는 투자자로 유명하십니다. 공식적인 직함이랄까요, 본인 소개부터 부탁드립니다.

A. 저는 창원대학교 경영대학 글로벌비즈니스학부 금융보험트랙 교수입니다. 학부에서는 '재무정책', '기업분석평가', '선물 및 옵션시장론', '글로벌 자본시장과 금융투자', '회계의 이해'를 강의하고 있습니다.

Q 기업들과 투자에 관한 이야기를 전문적이고도 독특한 시각에서 분석해 소개하고 계신 게 나름 이유가 있었다는 생각이 듭니다.

그럼 바로 본론으로 들어가 보도록 하겠습니다. 지금 주식시장이 이전과는 많이 다르다는 이야기를 많이 합니다. 교수님이 보기에도 주식시장에서 뭔가 새로운 변화가 나타나는 것이 느껴지시나요?

A 주식시장에서 가장 위험한 말이 '이번엔 다르다'라는 말이라고 합니다만, 이번에는 정말 다르다고 느끼고는 있습니다. 이것은 단순히 주가지수가 오르고 내리고의 문제는 아닌 것 같습니다.

많은 사람들이 좋은 기업, 돈 많이 버는 기업의 주가는 필연적으로 오를 수밖에 없다고들 이야기합니다. 이제 이런 사실에 대해 좀 더 진지하게 받아들이고 있다는 것에서, 이번에는 정말 다르다고 생각합니다.

일단 투자자가 주식과 기업을 제대로 관련지어 생각하기 시작하면, 그 반대로 돌아가기는 매우 어렵습니다. 따라서 현재의 변화는 매우 긍정적이라고 생각합니다.

Q. 왜 이런 변화가 생겼다고 생각하시나요? 그저 우연일까요? 아니면 다른 어떤 이유가 있어서일까요?

A. 우선, 딱 하나만 꼽자면 투자에 대한 정보, 특히 가치투자에 대한 정보를 어떤 식으로든 접하기가 이전에 비해서 훨씬 쉬워졌기 때문이라고 생각합니다.

워런 버핏은 10년 전에도 대단한 사람이었고, 20년이나 30년 전에도 대단한 사람이었습니다. 하지만 워런 버핏에 관한 책을 한 권이라도 제대로 읽어본 사람이 몇 명 없었다는 것 또한 분명한 사실입니다. 심지어 지금도 그렇습니다. 워런 버핏이 코카콜라와 맥도날드에 투자해서 큰 부자가 되었다는 것 '그 이상'을 알고 있었던 사람이 과연 몇 명이나 될지 의문입니다.

가치투자의 기본서라고 하면 벤저민 그레이엄의 『현명한 투자자 The Intelligent Investor』를 먼저 꼽습니다. 하지만, 실제로 이 책을 끝까지 읽어본 사람이 몇 명이나 될까요? 내용을 이해하거나 공감하는 사람이 아니라, 그냥 단순히 참을성 있게 끝까지 훑어라도 본 사람으로만 헤아려도 백만 주식투자자들 중에서 얼마나 될지 모르겠습니다.

지금은 유튜브와 네이버, 구글을 통해 이보다 훨씬 더 쉽게 풀어낸 형태로 가치투자에 대해 접할 수 있다는 점에서 현재의 변화의 시작점이 있지 않았을까 생각합니다.

Q 유튜브나 시중의 투자서들을 보면 스스로 가치투자자라고 말하는 분들이 많습니다. 그럼 '가치투자자'란 어떤 사람을 의미할까요? 혹시 가치투자자와 그렇지 않은 투자자를 구분하는 방법이 있을까요?

A 이미 많은 유명한 투자자들이 정의를 내린 것으로 알고 있습니다만, 제 생각을 한 줄로 요약해본다면 '기업의 가격과 구분되는 기업의 가치가 존재한다는 것을 믿고, 기업의 가격이 기업의 가치로 끌려오는 경향이 있다는 것을 믿는 사람들' 정도로 말할 수 있을 것 같습니다.

따라서 가치투자자가 되려면 시장의 가격과 상관없이 '나만의 가격표'를 제시할 수 있어야 합니다.

예를 들자면 편의점에서 과자를 살 때, 내가 생각하는 가치가 1,000원인데 가격이 2,000원이라면 사지 않는 것이 가치투자자가 할 수 있는 합리적인 선택입니다. 기업이나 주식에 대해서도 똑같이 행동할 수 있다면 가치투자자라고 할 수 있습니다.

Q 혹시, 단순히 믿기만 하면 가치투자자가 될 수 있다는 건가요? 쉽게 납득하기 어렵습니다.

A 다시 말씀드리지만, 가치투자란 '기업의 가격과 구분되는 기업의 가치가 존재한다는 것을 믿고, 장기적으로 기업의 가격이 기업의 가치로 끌려오는 경향이 있다는 것을 믿는 사람들'입니다. 가치투자자라고 모두 기업분석을 굉장히 잘 해야 하고 돈도 엄청 잘 벌고 하는 것은 아닙니다.

가치투자에 대한 흔한 오해로는 '착한 투자', '좋은 투자', '뭔가 돈이 엄청 많은 사람들이 할 것 같은 투자', '성공한 투자' 등등이 있습니다. 실제로 가치투자와 전혀 관련이 없는 투자를 하는 분들이 이런 긍정적인 이미지를 바탕으로 마케팅 수단으로 삼는 경우도 없지 않습니다.

하지만 가치투자는 투자의 성공이나 실패, 혹은 선과 악이라든가, 돈이 많고 적음과는 크게 관련이 없습니다. 하나의 투자방법론일 뿐입니다.

물건을 살 때를 생각해보면 쉽습니다. 물건을 살 때 대부분의 사람들은 가치투자에서 따르는 믿음과 매우 흡사하게 의사결정을 합니다. 내가 생각하는 가치보다 비싸게 물건을 사면서 행복해할 사람은 한 명도 없습니다.

가치투자는 소비자로서의 합리적인 선택이 주식에 투자할 때도 똑같이 행해져야 한다고 보는 것이고, 그렇게 믿고 행동한다면 가치투자라고 볼 수 있습니다.

하지만 그렇게 합리적인 소비를 하려고 노력하더라도 항상 선택에 만족하지는 못하듯이, 가치투자 또한 실패의 가능성을 안고 있습니다.

Q 가치투자자라고 하더라도 실패할 수 있다는 건가요?

A 네, 그렇습니다. 실패의 이유는 다양할 수 있습니다. 단순하게 생각해 보면 운이 아주 좋지 않았을 수도 있고, 가치평가에서 큰 실수를 했거나 욕심이 너무 과도했기 때문일 수도 있습니다. 어떤 식으로든 간에 가치투자를 한다고 해서 반드시 성공한다고 확신할 수는 없습니다.

Q. 가치투자를 해도 성공하지 못할 수 있다면 왜 가치투자를 해야 할까요?

A. 가치투자는 결과보다는 과정에 주목한 방법론으로서 의미가 있습니다. 주식은 기업의 일부이기 때문에, 기업이 엄청나게 돈을 많이 벌면 결국 주가도 끌려 올라갈 수밖에 없습니다.

따라서 기업을 분석해 본질가치를 평가할 수 있다면, 앞으로 주가가 어느 가격으로 따라가려는 경향을 보일지를 파악할 수 있다는 것이 가치투자자가 믿는 주식시장의 기능입니다.

가치투자는 완벽하지 않지만, 어느 정도 논리적인 인과가 있습니다. 예를 들어 애플의 주가가 최근 20년 사이에 30배가 넘게 뛴 것은 단지 운이 좋아서가 아닙니다. 사람들이 아이폰과 맥북을 그만큼 많이 사주었기 때문입니다. 구글이든 삼성전자든 성공한 기업들의 주가가 오른 이유는 결국 기업이 돈을 많이 벌었고, 앞으로도 돈을 많이 벌 것이 기대되기 때문일 것입니다.

특히 기간을 길게 보면 길게 볼수록, 기업들의 주가가 오르는 이유가 돈을 많이 벌었기 때문이라는 것은 충분히 타당한 근거가 있습니다.

시중에 알려진 대부분의 투자 기법들은 운이나 시장의 상황에 휘둘리는 경우가 많습니다. 가치투자는 그에 비해서 '기업'과 '기업이 버는 돈'이라는 본질적인 이슈에 대한 고민을 한다는 점에서 차별점이 명확합니다. 수능을 대비하는 방법은 무수히 많지만, 본질적으로 실력 있는 학생이 시험을 잘 보게 되는 것을 막을 방법은 없습니다. 운이 좋으면 실력보다 조금 더 잘 볼 수도 있고, 운이 나쁘면 조금 더 못한 결과가 나올 뿐입니다.

가치투자는 이해하기는 쉽지만 실천하기는 어렵다.
정작 어려운 부분은 분석기술이나 계산 방식에 있지 않고
원칙을 지키고 인내하고 판단하는 것에 있다.

— 세스 클라만

Q 실력이 있어도 운이 안 좋아 실패했다면, 결국은 실패한 투자자 아닌가요?

A 타인의 운과 실력을 판정하는 것은 큰 의미가 없을 수 있습니다만, 본인 스스로에 대해서는 꼭 평가해볼 필요가 있습니다.

실력이 쌓이기 전에 운이 좋아서 좋은 결과를 냈다면 운에 도취되지 않아야 할 것이고, 반대로 실력은 서서히 쌓이고 있지만 운이 나빴다면 포기하지 않는 강한 확신이 필요할 겁니다.

주식시장에서 오랫동안 성공한 사람들은 단지 오래 머물렀기 때문에 성공한 것이 아닙니다. 실력이 쌓일 때까지 꾹 참아가며 머물렀기 때문입니다.

실제로 주식을 처음 시작한 사람이 놀랍도록 좋은 결과가 나왔을 때, 대부분의 경우에 절대 스스로 운이 좋았을 뿐이라고 생각하지 않습니다. 오히려 대부분의 성공적인 시작을 한 초보자들은 세상을 곧 다 얻을 것 같이 착각하는 경우가 잦습니다. 하지만 초보운전자들이 사고가 안 났다고 하더라도 초보운전자라는 사실이 바뀌는 건 아닙니다.

누구에게나 초보일 때는 있지만, 초보가 아니라고 함부로 우기는 것은 매우 위험한 결과로 다가오기 쉽습니다.

Q 그럼, 다른 질문을 하나 드려보겠습니다. 가치투자는 시드머니가 어느 정도 모였을 때나 하는 것이고, 금액이 작은 투자자의 경우 가치투자보다는 '단타'를 통해 시드머니를 불려야 한다는 주장이 있습니다. 이에 대해서는 어떻게 생각하시나요?

A 가치투자를 하고 말고는 시드머니의 크기와는 아무런 상관이 없습니다. 그래도 굳이 따지자면 시드머니가 작을수록 오히려 '안전마진margin of safety'에 대해서는 더 엄격해야 하지 않을까 생각합니다.

장을 보러 나갔는데 지갑에 돈이 없다면 오히려 고를 때 더더욱 신중해야 하지 않을까요? 돈이 정말 많다면 다소 가격이 애매하더라도 잡을 수 있겠지만, 그렇지 않다면 더욱 '끝내주는 기회'만을 노리는 것이 옳지 않을까 생각합니다.

시드머니가 작다면 더 싸고 좋은 것을 찾기 위해서 신중하게 노력하는 것이 낫지, 아무 기회나 마구 잡는 것이 더 나을 리는 없습니다. 금액이 크든 작든 투자자의 목적은 항상 기대수익률을 높이고 위험은 줄이는 것입니다.

단타가 가치투자에 비해서 정말 수익률은 높이고 위험을 줄일 수 있는 괜찮은 투자법이라고 확신한다면, 그렇게 하시면 됩니다.

Q. 그렇다면 지금 크게 성공한 가치투자자들은 처음부터 가치투자를 했을까요? 특히 유튜브에 나오는 분들의 성공사례들을 보면 가치투자로는 불가능할 것 같은 대단히 놀라운 수익률을 기록한 분들이 많습니다.

A 어려운 질문인데, 투자자마다 모두 상황이 다를 것이라고 생각합니다. 간단하게 생각해볼 수 있는 경우만 짚어보면, 운이 크게 따랐을 경우와 레버리지를 크게 썼을 경우의 두 가지가 가장 가능성이 높을 것입니다.

운이 크게 따른 경우를 좀 더 구체적으로 상상해보자면, 벤처투자자와 같은 마인드로 소수 기업에 집중투자를 했는데 결과가 놀랍게 나온 경우를 생각해볼 수 있겠습니다.

분명한 것은, 유튜브에 나올 정도로 성공한 투자자는 극히 소수라는 사실입니다.

물론 그중 단타로 성공한 경우도 분명 있을 것입니다. 하지만 그게 자본이 작을 때 단타를 해야 할 이유가 될 수는 없습니다. 가치투자와 단타 중 어느 쪽이 더 우위에 있는지는 평가하기 어렵습니다. 하지만 금액이 작을 때로 한정하더라도 단타가 가치투자에 비해 훨씬 더 유리하다는 확실한 증거는 어디에도 없습니다.

Q 혹시 과거에는 가치투자를 하지 않았지만, 지금은 가치투자를 한다는 말에 대해서는 어떻게 생각하시나요? 그런 사람도 가치투자자라고 말할 수 있을까요?

A 충분히 가능하고, 그 반대도 가능합니다. 기업의 가격이 기업의 가치에 따라가지 않는다고 확신이 들었다면, 가치투자는 더 이상 할 수가 없을 겁니다. 반대로, 이전에는 기업의 가치와 가격이 관계가 있다고 믿지 않았는데 오늘 갑자기 믿게 될 수도 있습니다.

다만, 단순히 믿는 것에 더해서 투자 의사결정을 가치와 가격에 기반해서 결정을 하는 것까지는 가야 가치투자자라고 할 수 있다고 생각합니다. 믿기만 하고 믿는 대로 행하지 않으면, 그 결과는 본질 가치와는 상관없이 나올 겁니다.

다이어트가 필요하다는 사실을 아는 사람은 많습니다. 어떻게 해야 하는지 알고 있는 사람도 많습니다. 하지만 실제로 다이어트에 성공하는 사람은 극히 드문 것과 같습니다.

Q. 그렇다면 가치투자로 큰 돈을 벌려면, 가장 중요한 것은 무엇일까요?

A. 개인투자자의 경우 기업분석입니다. 어떤 방법으로든 내가 투자하는 바로 그 기업이 앞으로 돈을 어마어마하게 벌 수 있다는 것을 남들보다 먼저 확신할 수 있다면 다른 모든 것들에 우선할 수 있다고 생각합니다.

애플이나 구글에 투자한 투자자들이 큰돈을 번 이유는 간단합니다. 투자한 기업이 애플이나 구글이었기 때문입니다.

가치투자자에게 있어 '어디에 투자할 것인가?'와 '얼마에 투자할 것인가?'라는 두 개 질문의 우열을 가리기는 매우 어렵습니다. 그래도 굳이 골라야 한다면, 저는 전자를 택해야 한다 생각합니다.

Q. 반대로, 가치투자로 돈을 버는데 가장 효과가 덜한 것은 무엇일까요?

A. 마찬가지로 개인투자자의 경우로 한정한다면, 경제분석입니다. 일단 정확하게 예측하는 것 자체가 매우 힘이 들고, 맞춰도 개별기업의 주가에 미치는 영향은 천차만별입니다.

그리고 대부분의 개인투자자들이 말하는 경제분석은 대부분 주가지수 맞추기에 가깝습니다. 맞추기도 어렵고 맞춘다고 하더라도 근거가 빈약합니다. 결정적으로 제대로 맞춘다고 하더라도, 내 투자 성과에는 별 도움이 안 되는 경우가 허다합니다.

Q. 가치투자가 인간의 본성에 역행한다는 말에 대해서 어떻게 생각하시나요? 또 한국에 가치투자가 소개된 지 이미 시간이 많이 흘렀는데 왜 가치투자자의 수가 많지 않을지도 궁금합니다.

A 먼저 첫 번째 질문에 대해서는, 그렇다고 생각합니다.

가치투자는 많은 공부를 요구합니다. 하지만 공부를 좋아하는 사람은 거의 없습니다. 반면, 빠르게 큰돈을 벌고 싶어 하는 사람은 많습니다. 이 두 가지가 묶이면 '돈은 빨리 벌고 싶지만 공부는 정말 하기 싫다'가 됩니다. 공부는 하기 싫지만 시험은 잘 보고 싶은 것은 인간의 본성에 정확히 부합합니다. 다르게 비유하면, 운동은 하기 싫지만 건강해지고는 싶은 것과 같습니다.

가치투자는 많은 시간과 노력을 요구합니다. 하지만 결과는 비교적 느리게 나옵니다. 그렇다고 공부한 양에 정확하게 비례해서 수익률이 나오지도 않습니다. 딱 인간이 싫어할 요소들만 두루두루 갖추고 있습니다.

특히, 가치투자자가 분산투자를 하고 있고, 초기 투자금이 큰 것도 아니고 레버리지도 쓰지 않는다면, 제대로 된 결과물을 보기까지는 10년도 짧습니다.

따라서 가치투자자는 지금까지 항상 소수집단이었고, 아마 앞으로 시간이 많이 지나더라도 크게 변하지는 않을 것 같습니다.

Q. '공부'를 상당히 강조하시는데 공부를 해서 오히려 수익률이 더 떨어졌다, 혹은 우량주를 투자하다 보니까 오히려 수익률이 더 떨어지더라, 이런 말에 대해서는 어떻게 생각하시나요?

A. 그건 당연한 겁니다. 위험한지도 모르고 투자하다가, 위험한 것을 배제하기 시작하면서 생기는 자연스러운 현상입니다.

공부를 안 했으니 실제로는 아주 위험한 투자를 위험한 줄 모르고 투자했던 것이고, 고위험을 감수한 대가로 높은 수익을 얻었을 가능성이 높습니다.

특히 위험한 기업일수록 변동성이 높기 때문에 우량한 기업을 투자했을 때보다 훨씬 파격적인 수익률을 얻을 때도 많았을 겁니다. 하지만 폭탄이 운 좋게 터지지 않았다고 해서 그게 폭탄이 아니었던 것은 아닙니다.

또 다른 중요한 문제는, 공부를 하게 되면서 자연스럽게 분산투자를 하게 되는 경우가 많습니다. 한두 기업에 투자할 때에 비해서 여러 기업에 투자하면 수익의 변동이 덜할 수밖에 없습니다. 결과적으로 많은 투자자들이 질리게 되고, 다시 집중투자로 돌아가는 경우도 많습니다.

개인투자자들 중 많은 분들이 말로는 변동성을 싫어한다고 말하지만 실제로는 그렇지 않은 경우가 많습니다. 아마도 인간의 본성 중 도박성이 자극되었기 때문이 아닐까 생각합니다.

Q. 투자자가 투자를 하는 이유는 결국 돈을 벌기 위함일 것입니다. 특히 주식을 이제 막 시작하는 투자자에게 딱 한 가지를 추천한다면 무엇인가요?

A. 주식에서 생각해야 할 것은 아주 많습니다. 그래도 딱 하나를 고르자면, 대단히 뛰어난 기업은 많은 실수를 자연스럽게 해결해 줍니다. 가급적이면 멀리서 찾기보다는 주변에서 찾으면 훨씬 좋습니다. 내가 최근에 사용해보고서 감탄한 서비스나 도저히 끊을 수 없는 제품이라든가 직장에서 없으면 너무 불편할 것 같은 소프트웨어 같은 것이 모두 여기에 속합니다.

요즘은 해외투자가 많이 쉬워졌기 때문에, 해외기업도 괜찮습니다. 직관적으로 보았을 때 이 기업이 망하는 것을 쉽게 상상하기 어렵다면, 바로 그 기업이 좋은 기업입니다.

> 최종적으로, 투자 위험은
> 당신이 어떤 자산에 투자를 하고 있는지에 있는 것이 아니라
> 당신이 어떤 종류의 투자자인지에 있다.
>
> — 제이슨 츠바이크

Q. 아무리 훌륭한 기업이라고 하더라도 엄청나게 비싼 경우에는 사면 안 되는 것 아닌가요?

A 주식투자를 처음 시작하는 분이라면 가치평가가 제대로 될 리가 없습니다. 어차피 정확한 가격 산정이 안 된다면, 시장가격이 어느 정도 합리적이라고 믿고 최고로 좋은 기성품을 사는 것이 낫습니다.

오늘 처음 야구공을 잡아본 사람을 야구선수로 만들 방법은 없습니다. 옷 쇼핑을 할 때와도 비슷합니다. 평소에 옷에 관심이 많고 쇼핑을 좋아하는 사람은 온라인이든 전통시장이든 어디서든 가성비 높은 쇼핑을 할 수 있습니다. 하지만 쇼핑을 자주 하지 않는 사람이라면, 백화점에서 아주 잘 알려진 브랜드를 골라서 기성품을 정가에 구매하는 것이 최선일수도 있습니다.

사람마다 역량의 차이가 나기 때문에, 그에 따라 최선의 투자 방법도 차이가 있는 것은 당연할 것입니다.

Q 결국 우량주를 사서 오래 보유하라는 것과 같은 말인가요?

A 비슷하지만 조금은 다른 것 같습니다. 가까운 기업을 신중하게 고르는 것까지는 필요합니다. 그 다음이 오래 보유하는 것입니다.

초보자에게 있어서 가격은 상대적으로 덜 중요합니다. 어차피 정확한 가치평가를 하기 어렵기 때문입니다. 그렇다면 적어도 뭘 하는 기업인지는 정확히 알아야 신뢰를 갖고 주가가 위아래로 움직이더라도 기다려줄 수 있을 겁니다.

예를 들어 포스코는 분명 우량주고 경쟁력 있는 기업이지만 대부분의 개인투자자들에게는 너무 멀리 있는 기업입니다. 포스코의 제품을 직접 사서 쓸 일이 없기 때문입니다. 같은 IT업종에 묶여 있지만 애플이나 구글이 삼성전자보다는 더 가까울 수 있습니다. 그리고 20대나 대학생이라고 한다면 스타벅스가 국내 대부분의 기업보다 훨씬 더 가까이 있습니다.

특히 초보자는 가까운 곳에서 기업을 골라야 믿고 기다릴 수 있습니다. 따라서 주식의 시작점은 가까운 기업, 그리고 기업으로서 훌륭한 기업에서 하는 것이 합리적이라고 생각합니다.

Q 가까운 기업을 고를 때 개인차가 있나요?

A 분명하게 있습니다. 가장 뚜렷한 것은 직업이고, 그 다음을 고르라면 취미입니다.

의사에게 있어 의료기기 업체들은 평생 가깝게 둘 기업일 수밖에 없지만, 대부분의 개인투자자들에는 평생 직접 구매할 일이 딱 한 번도 없을지도 모릅니다.

직업이 아니라 취미에서도 기회를 찾을 수 있습니다. 예를 들어 웹툰과 웹소설 시장은 최근 몇 년간 매년 수십 퍼센트 이상 급성장하였습니다. 웹툰이나 웹소설 마니아라면 충분히 체감할 수 있었던 변화였다고 생각합니다.

주식투자자로서 매우 훌륭한 자질 중 하나가 얼리어답터인 이유가 바로 여기에 있다고 생각합니다.

Q. 재무비율 같은 것은 고려할 필요는 없을까요?

A. 재무비율을 고민해야 한다면, 이미 초보자가 사서는 안 될 기업입니다.

누구든 이름 정도는 들어봤을 법한 다국적기업이라면 재무제표 분석을 통해 초보자가 파악할 수 있는 새로운 정보는 없습니다. 초보자에게 적합한 기업은 이 기업이 돈을 벌지 못하는 상황을 상상하기조차 힘든 정도의 기업들입니다. 구체적으로 예를 들면 전 세계적으로는 애플이나 구글, 마이크로소프트 같은 기업들이 대표적인 예가 될 겁니다. 국내로 따지면 삼성전자와 같은 기업들이 있을 것입니다.

S&P나 무디스 등 국제신용평가기관에서 나오는 신용등급을 참조해도 좋습니다.

S&P를 기준으로 A- 등급, 무디스 기준으로 A3 등급 이상이라면 재무제표 분석은 큰 의미가 없다고 생각합니다. 국내 기업의 경우에는 AA- 등급 이상이면 초보자가 재무제표 분석을 통해 새롭게 얻을 수 있는 정보는 거의 없습니다. 연습삼아 재무제표 분석을 해볼 수는 있겠지만 역시 재무적으로는 좋은 기업이라는 것을 다시 확인하는 정도의 의미만 있을 겁니다.

Q. 마지막으로 장기투자와 가치투자의 관계에 대해 설명해주시면 좋겠습니다.

A. 먼저 짚어볼 점은, 가치투자자라고 장기투자를 좋아할 이유는 없습니다. 기업의 가치와 가격이 가까워지는데 대체로 시간이 필요하기 때문에 불가피하게 투자기간이 길어지는 것입니다. 그리고 주식은 생선이나 야채와 같이 유통기한이 있거나 시간이 지나면 가치가 급감하는 자산이 아닙니다. 기업이 돈을 잘 벌고 있기만 하다면 오래 가져가는데 부담을 가질 필요는 전혀 없습니다.

종합하면, 가치투자자가 장기투자를 원하는 것은 아니지만, 장기투자를 무서워하지는 않는다는 것이 가장 적절한 표현같습니다.

> 미래는 불확실합니다. 그래도 주식시장에 투자해야 합니다.
> 불확실성은 장기 가치투자자의 친구입니다.
>
> – 워런 버핏

======================================= 권 교수의 ZOOM IN ★★★

예상은 지나치게 멀리 예측하고, 투자는 지나치게 짧게 하는 경향이 있다

가끔 인터넷 게시판에서 주식투자에 대한 글들을 보면 위화감을 느낄 때가 있습니다. 주로 인구노령화 등 굉장히 장기적인 시야를 갖고 투자를 하는 것같이 말하면서, 실제 투자기간은 1주일에서 1개월을 넘지 않는 경우들이 그러합니다. 특히 상당히 주관적인 의견이나 매우 광범위하게 작용 가능한 경제적 변수, 혹은 매크로 변수에 기반해서 투자를 진행하는데, 실제로 투자하는 기간은 매우 짧은 경우들이 많습니다.

물론 자주 있는 일은 아니지만 반대의 경우도 있습니다. 투자기간이 3년에서 5년 정도 투자를 하는 사람이 이번 분기의 실적에 과도한 집착을 한다든지 하는 경우입니다.

아직까지는 개인투자자 중에 전자가 압도적으로 많고 후자는 거의 없는 것 같아 전자에 집중해 이야기해 보겠습니다.

단순하게 생각해 보면, 투자기간이 짧다는 의미는 기업의 짧은 시간 동안의 변동에 익숙해져야 한다는 의미가 될 것입니다. 예를 들자면 분기 실적이라든지, 최근의 생산 비용이나 판매가의 변동 등에 주의를 기울여볼 수 있을 것입니다. 이와 같은 요소들은 매우 단기적으로 기업의 가격에 영향을 미칠 요인들입니다.

반대로 평소의 투자기간이 1주일에서 2주일 정도인데 인구노령화라든지, 중국의 성장, 해외투자, 10년 후에나 나올 수 있는 장기적인 투자 성과 등을 말하는 것은 큰 의미가 없을 것입니다. 1주일이나 2주일 사이의 주가는 '없는 변수'나 마찬가지입니다. 기업의 가치에 있어서 10년에서 20년에 걸친 변화 역시 그렇습니다.

투자라는 것은 반드시 예측을 수반합니다. 예측이 틀리는 것과 아예 예측을 하지 않는 것은 시작부터가 다릅니다. 예측이 틀린 경우 왜 예측이 틀렸는지를 되짚어서 복습을 하고 앞으로는 맞출 수 있도록 노력하면 됩니다. 하지만 애초부터 예측이라는 것 자체가 없었다면 그것은 동전을 던져서 투자할지를 결정하는 것과 어떤 차이도 없을 것입니다.

따라서 기업의 본질가치에 대한 그 어떤 예측도 없는 투자라는 것은 돈을 벌고 못 벌고를 떠나서 성립될 수가 없습니다.

좀 더 덧붙이자면, 어떠한 예측도 안 되는 기업이라면 애초부터 투자를 해서는 안 되는 기업이라는 의미입니다. 벤저민 그레이엄이 말한 것과 같이, 투자라는 행위는 스스로 분석이 가능한 범위 내에서만 가능한 것입니다. 본인의 능력으로 예측이 불가능한 영역은 결과의 좋고 나쁨을 떠나서, '투자'가 아니라 그저 '투기'에 불과합니다.

두 번째 대화

기술적 분석과 퀀트

퀀트투자자는 주식을 '숫자'로 받아들인다

Q. 이번에는 기술적 분석에 대해 이야기를 나눠보겠습니다. 가치투자를 통해 기업을 선정하고, 기술적 분석을 통해 저점과 고점을 찾아 투자하는 것에 대해서 어떻게 생각하십니까?

A. 기술적 분석이 가격의 변동이나 거래량, 수급 등의 정보들을 통해서 주가를 맞추고자 하는 시도라고 한다면, 우선 미래의 주가를 맞추는 것이 가능한지를 고민해봐야 할 것입니다.

미래의, 그것도 단기간의 주가변동을 상당히 정확히 맞출 수 있다면 가치투자뿐만 아니라 어떤 투자법도 크게 필요하지 않습니다. 쉽게 말해서 내일 주가를 상당히 정확히 맞출 수 있다거나, 어떤 기업의 오늘 주가가 최저점임을 확신할 수 있다면 투자보다 더 쉬운 일이 세상에 없지 않을까요?

예를 들어 설명하자면, 평소 5,000원에도 햄버거를 만족하면서 사먹던 가치투자자는 갑자기 햄버거 가격이 3,000원으로 떨어진다면 햄버거를 오늘도 살 가능성이 매우 높습니다. 하지만 기술적 분석가의 경우는 다릅니다. 오늘 햄버거 가격이 3,000원이더라도 내일 햄버거 가격이 2,000원으로 떨어질 것이라고 예측한다면 오늘 햄버거를 사지 않을 것입니다.

　어느 쪽의 판단이 맞고 틀릴지는 확신할 수 없지만, 주가에 대한 가치투자자와 기술적 분석가의 시각은 상호 보완적이라기보다는 충돌할 여지가 매우 많다고 생각합니다.

Q. 그렇다면 기술적 분석을 쓰는 가치투자자는 없다고 봐야 할까요? 기술적 분석을 쓴다면 가치투자자로 볼 수 없는 건가요? 어떻게 구분할 수 있을까요?

A. 의견이 다를 수 있을 것 같습니다. 제 경우에는 가격과 상관없이 그 기업의 가치를 본인이 얼마쯤으로 생각하는지 말할 수만 있다면 일단은 가치투자자로 봅니다. 따라서 기술적 분석이나 다른 어떤 분석 방법을 추가적으로 사용하더라도 상관이 없을 것 같습니다.

　하지만 만약 본인이 생각하는 가치와 전혀 상관없이 실제 투자를 집행하고 있다면 가치투자자로 보기는 어려울 것 같습니다. 예를 들어 A사의 전체 가치가 1,000억 원쯤 된다고 생각하지만, 앞으로 3,000억 원이 될 것 같으니 지금 2,000억 원에 산다면 이걸 가치투자라고 보기는 힘들지 않을까 생각합니다.

　가치의 판단과 투자의 실행까지가 일관성 있게 이루어진 경우만을 가치투자라고 보는 게 합당할 것 같습니다.

Q. 그럼 기본적 분석에 대해서는 어떻게 생각하시나요? 기본적 분석과 가치투자를 거의 같다고 보는 분들도 많은 것 같습니다. 실질적으로 현대에는 모든 투자자가 가치투자자라는 의견도 있습니다.

A. 기본적 분석이 지향하는 바는 결국 기업을 이해하고 투자할지를 결정하는 것이니 가치투자와 많은 면에서 일치함이 있습니다. 다만, 차이가 나는 점은 본질가치를 계산하는지의 문제와 본질가치와 가격의 차이에 입각해 투자여부를 결정하는가의 여부입니다.

기업분석만 하고 가치평가가 이루어지지 않거나, 기업분석과 가치평가를 모두 수행하더라도 그 결과를 무시한 채 투자 결정을 한다면 그것을 가치투자로 볼 수는 없을 것입니다.

주식을 저가에 매수하는 가치투자는
그 주식에 대한 시장의 평가가 잘못되었거나 아니면
그 주식 매수자의 가치평가가 시장의 평가보다 더 옳다는 것을 전제로 한다.
이 대목에서 가치투자자의 판단은 시장의 판단과 대립된다.
― 벤저민 그레이엄

Q. 퀀트에 대해서는 어떻게 생각하시나요? 퀀트와 가치투자는 서로 상관이 있을까요?

A. 먼저, 어디까지를 퀀트로 정의할지를 생각해볼 필요가 있습니다. 우선, 단순히 PER_{price earning ratio, 주가수익배수}이나 PBR_{price book value ratio, 주가순자산배수}과 같은 지표나 비율들을 참고하는 정도나, 혹은 그런 지표들을 이용해서 관심종목을 기계적으로 골라내는 정도는 퀀트라고 보기 힘들 것 같습니다.

제가 생각하는 퀀트는 '사전에 정해진 조건에 따라서' 기계적으로 투자하는 것입니다.

투자자가 조건을 정하는 과정에만 개입한다는 측면에서 일반적인 투자자들과 차이가 있다고 봅니다. 기타 파이썬 등 프로그래밍을 쓰는지, AI나 머신러닝 등을 활용하는지 여부는 퀀트투자인지 아닌지를 가르는 기준은 아닌 것 같습니다.

일단 조건을 세우고 조건에 부합하다면, 설령 이성적으로 상당히 꺼려지는 기업이나 주식이라 하더라도 투자한다면 퀀트로 간주하는 것이 합리적일 것 같습니다.

그러한 관점에서, 퀀트를 활용하는 것은 가치투자자에게 있어서 충분히 괜찮은 선택이 될 수도 있습니다. 조건을 정하는 과정에서 본인의 투자원칙이 충분히 반영되어 있다면, 퀀트는 가장 적은 노력을 통해서 저평가된 기업을 찾는 방법이 될 수 있다고 생각합니다.

Q. 기술적 분석과 달리 퀀트를 활용하는 것에 대해서는 긍정적으로 생각하시는 것 같습니다. 그렇다면 퀀트와 가치투자는 어떤 차이점이 있을까요?

A. 퀀트와 가치투자자의 차이를 파악하기 위해 예를 들어 백테스트를 통해 '상장기업 중 4년 내내 영업적자를 지속중인 기업에만 투자하는 것이 가장 수익률이 높고 위험이 낮다'라는 다소 극단적인 결과가 나왔다고 가정해보겠습니다.

물론 퀀트투자자의 경우에도 아마도 백테스트의 과정에서 오류가 있었던 것이 아닌지를 먼저 의심해 보겠지만, 결과가 충분히 타당하다고 생각되면 실제로 이런 투자방법을 시도해볼 수도 있지 않을까 싶습니다.

하지만 가치투자자라면 그것이 실제로 옳으냐 틀리냐를 떠나서 이런 보편적인 상식에 다소 어긋나는 투자원칙을 받아들이기는 본능적으로 상당한 거부감이 들 것 같습니다.

이는 가치투자자는 주식을 '기업'으로 받아들이고, 퀀트투자자는 주식을 '숫자'로 받아들이는 차이짐 때문입니다.

가치투자자는 기본적으로 기업이 잘 되어서 주가가 오르기를 바랍니다. 기업이 잘 되고 기업의 가치가 올라가는 것은, 가치투자자에게 내가 돈을 벌기 위한 절대적인 전제 조건이 됩니다. 반면, 퀀트투자자의 목표는 주가라는 숫자가 오르는 것입니다. 따라서 기업이 잘 되는지는 부차적인 요인에 불과합니다.

좀 더 쉽게 예를 든다면, 가치투자자와 퀀트투자자가 각각 음식점을 인수하려고 한다고 해보겠습니다. 가치투자자는 음식점이 맛이 있는지를 먼저 살펴볼 것입니다. 음식점의 성공의 본질이 '맛'에 있다고 생각한다면 그렇습니다. 하지만 퀀트 투자자는 음식이 가장 많이 팔리는 음식점을 찾고자 할 것입니다. 음식이 많이 팔리는 것, 그러니까 주가가 올라가는 것이 최종 목표이지 음식이 맛이 있고 없음은 중요하지 않다고 여기기 때문입니다.

그리고 퀀트투자만의 단점이라고 보기는 어렵지만, 한 가지 자주 보이는 현상이 있습니다. 퀀트를 활용하여 구축했다고 하는 포트폴리오들은 유난히 소형주나 애널리스트들이 커버하지 않는 기업의 비율이 높다는 점입니다.

물론 소형주라는 것, 혹은 소형주의 비율이 높다는 것 자체가 문제는 아닙니다. 하지만 IMF외환위기와 같이 정말 100년에 한 번 올 법한 경제위기가 와서 부도를 걱정해야 할 상장기업의 비율이 폭증할 정도의 상황이라면, 이런 소형주 중심의 포트폴리오는 일반적인 시장지수에 비해 훨씬 더 끔찍한 피해를 입을 수 있다는 점에 대해서는 고민해볼 필요가 있을 것 같습니다.

Q. 지금 이야기를 들어 보니 가치투자는 굉장히 빙빙 돌아서 목표를 찾아가는 것 같습니다. 결국 투자자의 목표는 수익인데, 그럼 기술적 분석이나 퀀트투자의 목적이 더 맞는 것 아닌가요?

A. 주가를 직접 맞추는 것은 정말 어렵습니다. 특히 투자를 오래 하면 오래 할수록 맞추는 것이 어렵다는 것을 느낍니다.

또한 투자자들마다 각자의 경험에 따른 노하우로 재평가되는 타이밍을 찾기 위한 여러 시도들을 하고 있지만 정확한 답이 나오기는 불가능하다고 생각합니다. 예를 들어 가장 보편적으로 활용되는 것이 어닝서프라이즈나 어닝쇼크를 찾기 위한 시도인데, 그것도 꼭 맞는 것은 아닙니다.

가치투자는 주가를 맞추는 것이 불가능에 가깝고, 그에 비해서 본질가치를 가늠하는 것은 상대적으로 가능하다는 인식에서 출발합니다.

물론 가격과 가치와의 차이를 결정하는 요건을 찾는 시도, 혹은 재평가되는 촉매를 찾기 위한 시도들은 앞으로도 계속되겠지만 과연 쉬울지 의문입니다. 찾는 것도 어렵지만 그걸 증명하거나 체계화하기는 훨씬 더 어려울 것입니다. 그리고 누군가 그런 놀라운 방법을 찾는다고 하더라도 그걸 쉽게 공개할 것 같지는 않습니다.

Q 그렇다면 주가를 정확히 맞출 수 있다면 가치투자는 필요 없다고 봐도 될까요?

A 네. 만약에 어떤 방식으로든 미래의 주가를 정확하게 맞출 수 있는 방법이 있다면 가치투자를 할 필요는 없습니다.

미래의 주가를 정확하게 예측할 수 있다는 것은 수학능력시험에서 정답지를 한 손에 들고 시험문제를 푸는 것과 같습니다. 물론 그럴 수 있다면 문제를 풀 필요도 없고, 당연히 공부를 할 필요도 없습니다.

Q '가치'와 '가격'을 비교해서 설명한다면 어떻게 표현할 수 있을까요?

A 편의점에서 파는 과자의 경우, '가격'은 편의점에서 붙여놓은 가격표에 이미 씌여 있습니다. '가치'는 내가 생각하기에 그 과자에 지불할 수 있는 금액입니다.

주식시장에서 가치는 크게 변하기 쉽지 않지만, 가격은 쉽게 변할 수 있습니다. 반대로, 가격은 매우 쉽게 확인할 수 있지만, 가치를 평가하는 것은 대단히 어렵습니다.

Q 가격이 가치에 비해서 쉽게 바뀐다는 점에는 공감합니다만, 기업의 가치가 단기간에 극적으로 변하는 경우는 없을까요? 예를 들어서, 인수합병과 같은 상황에서는 기업의 가치가 극적으로 바뀔 수도 있을 것 같습니다.

A 인수합병이나 공개매수 등의 이유로 가치가 극적으로 변할 수 있습니다. 상당히 예외적인 경우라고 생각합니다.

경영상에서 일반적으로 나타날 수 있는 대부분의 가능성들은 이미 어느 정도는 가격에 반영되어 있습니다. 9·11테러라든가 이번의 코로나 사태 같은 경우가 가능성이 가격에 반영되지 못한 매우 예외적인 경우라고 보면 될 것 같습니다.

가격은 여러분이 지불한 값이고,
가치는 여러분이 획득한 것이다.

― 워런 버핏

Q. 질문을 조금 바꿔보겠습니다. 주식시장에 머무르다 보면 기업에 영향을 미칠 법한 다양한 정보들을 접하게 됩니다. 이런 정보들을 어떻게 활용하면 좋을까요? 간혹 기업의 이익은 크게 증가했음에도 주가가 뚝 떨어지는 경우들도 있는데, 이런 경우들을 어떻게 해석해야 할지 궁금합니다.

A. 먼저 정보들의 가치에 대해서 보면, 산업의 외부자가 취득하는 거의 대부분의 정보는 이미 반영되어 있다고 보면 됩니다. 내가 있는 직종과 관련이 명확한 산업까지는 포함해도 좋을 것 같습니다.

예를 들어 조선업에 대한 새로운 정보를 들었을 때, 내가 해운업이나 철강업에 있다고 한다면 아직 그 정보는 시장에 충분히 반영되지 않았을 수 있습니다. 지금과 같이 정보의 전파속도가 빠른 시대에, 내가 직접 연관되어 있지 않은 업종의 최신 소식을 첫 번째로 접하기는 거의 불가능한 일이라고 생각합니다. 정보가 흔한 시대이지만 정보를 활용하여 수익을 내기는 더욱 힘든 시대가 된 셈입니다.

지금과 같이 정보가 흔한 시대에서는 해당 기업의 CEO도 확실하게는 파악하고 있지 못할 정도의 정보는 되어야만 확신을 갖고 큰 투자를 할 수 있지 않을까 생각합니다. 그 정도로 특별한 정보가 아니면 크든 작든 가격에 반영은 되어 있다고 생각합니다.

예를 들어 해당 분기 실적이 엄청나게 잘 나왔다는 것은 CEO가 정확히 파악할 수 있는 정보이기 때문에, 가격에 이미 어느 정도 반영되어 있다고 봐야 할 것입니다.

Q. 정보에 대한 기준이 굉장히 엄격한 것 같습니다.

A. 그만큼 정보가 퍼지기 쉬운 환경이기 때문이 아닐까 생각합니다. 그리고 다르게 보면, 기존에는 얼마나 고급정보를 취득하느냐가 가장 중요했다면 이제는 정보의 분석력 또한 중요한 시대가 되었다고도 볼 수 있습니다.

또 다른 면을 보면, 1차 정보의 중요성이 높아졌다고도 볼 수 있습니다. 예를 들어 게임이라고 한다면, 신작 게임을 테스터로서 직접 해본 투자자와 그렇지 않은 투자자의 정보 격차는 대단히 클 수 있다고 생각합니다.

비공개 정보에 근거해서 투자하는 것은 때로는 놀라운 수익을 주지만, 그만큼 높은 위험을 갖습니다. 직접 분석한 정보가 아닌 제3자에게 전달받은 정보라면 더욱 그렇습니다. 정보가 중요하지 않다는 것이 아닙니다. 좋은 정보, 정확한 정보가 중요하다는 것입니다.

Q. 가치투자를 처음 시작하는 사람들이 할 수 있는 실수나 오해가 있다면 어떤 게 있을까요?

A. 일단, 가치투자는 중소형주를 대상으로 하는 것이라고 생각하시는 분들이 많습니다. 그래서 처음부터 중소형주에 주목을 합니다.

물론 중소형주에 가치투자의 대상이 될 수 있는 기업이 상대적으로 많을 수는 있습니다. 하지만 그것을 초보자가 구분하는 건 매우 힘듭니다. 가치투자를 처음 하는 분들의 경우 오히려 대형주들을 먼저 살펴보시는 것이 더 낫습니다. 초반에는 시장이 잘못 판단했을 가능성보다는 내가 실수했을 가능성이 매우 높습니다. 중고차시장에서 초보인 나한테 대단히 매력적이라고 생각되는 차는 대체로 허위매물인 것과 같습니다.

두 번째로 중요한 실수는, PER이나 PBR이 낮으면 무조건 저평가되어 있다 보는 것입니다.

제 생각에 주식시장에서 가장 함부로 쓰이는 단어가 '저평가'입니다. 현대 자본시장에서 저평가된 대상은 대단히 찾기 힘듭니다. PER이나 PBR은 전통적으로 쓰이는 지표이며, 아직까지도 유용한 지표임은 분명합니다. 하지만 한계점이 분명한 지표이기도 합니다.

PER과 PBR만 보고 저평가 여부를 논하는 것은 마치 의사가 환자의 키와 몸무게만 보고 건강한지 그렇지 않은지를 판정하는 것과 같다고 생각합니다.

Q. 그럼 질문을 바꿔서 모든 사람이 투자를 해야 할까요? 투자를 해야 한다면 가치투자를 해야 하는지도 궁금합니다.

A. 투자를 시작하는 것이 자유인만큼, 투자를 하지 않는 것도 자유입니다. 꼭 모든 사람이 투자를 해야 한다고는 생각하지 않습니다.

주식이든 부동산이든 마찬가지입니다. 주식이나 부동산 투자를 하지 않는 것이 당연한 사람들도 있습니다. 예를 들어 본인의 사업을 하는 창업주라면, 또 본인의 사업이 비전이 있다면 주식이나 부동산보다 훨씬 더 큰 이익을 기대할 수 있습니다.

다만, 사업도 하지 않고 투자도 하지 않는 사람이라면 앞으로 기대할 수 있는 자본소득이 없는 것도 당연합니다. 아무 것도 하지 않았으면 아무 것도 얻을 수 없는 것이 맞다고 생각합니다.

모든 사람이 가치투자를 할 필요는 없습니다. 가치투자는 주식투자에 있어 가장 많이 알려지고 배우기 쉬우며, 비교적 합리적이라는 점에서 장점이 있을 뿐입니다. 장점이 워낙 명확하기 때문에 주식투자에 나서려는 사람들에게 가치투자를 권하기는 하지만, 투자에 대한 각자의 선택은 존중받아야 마땅하다고 생각합니다.

Q. 다음 장으로 넘어가기 전에 마지막으로 가치투자와 가치주 투자, 성장주 투자의 관계에 대해서 간략하게 설명해주시기 바랍니다.

A. 가치주와 성장주를 먼저 정의해야 할 텐데, 두 단어 모두 정확한 정의를 찾기가 쉽지 않은 것 같습니다.

가치주는 대체로 '저PBR주', 그러니까 순자산의 장부가치 대비 시가총액이 더 싼 주식들을 의미하는 것 같습니다. 성장주는 기업의 매출액이나 이익의 성장성이 높고, 대체로 시장에서 지금 주목 받고 있는 기업들을 말하는 것 같습니다. 이런 정의에 기초해서 관계를 설명해보도록 하겠습니다.

먼저, 가치주 투자와 가치투자의 관계는 가치투자의 초창기, 그러니까 수십 년 전에는 강한 연관이 있었을지도 모르겠습니다. 장부가치가 기업가치에 대한 좋은 대용치가 되던 시절에는 가치투자의 대상이 가치주였을 수 있습니다.

하지만 현재 시대에는 순자산의 장부가치는 기업가치를 제대로 보여주지 못하는 경우가 매우 많습니다. 특히 서비스업의 경우 순자산의 장부가치는 기업가치와 거의 관련이 없다고 봐도 무방합니다.

따라서 저PBR주에 투자하는 것과 가치투자와의 관계는 현재 시점에서는 매우 낮다고 봅니다. PBR은 낮지만 기업가치가 그보다 낮은 사례도 많이 있을 수 있고, 반대로 PBR은 높지만 기업가치가 그보다 훨씬 더 높은 경우도 있을 수 있으니까요.

성장주와 가치투자의 관계는, 여전히 있는 것 같습니다.

성장주는 아무래도 시장에서 주목을 받기 쉽고, 따라서 본질가치보다 낮은 평가를 받는 경우가 매우 드뭅니다. 시장에서 관심을 두지 않는다고 반드시 저평가된다고는 말할 수 없지만, 시장의 관심이 쏠려 있는 기업이 저평가되기는 매우 힘든 일입니다. 따라서 대부분의 경우 성장주는 가치투자의 대상이 되기 어렵습니다.

하지만 어떤 이유에서든 성장주가 갑작스럽게 폭락한다거나 해서 원하는 가격을 맞출 수만 있다면, 성장주라고 해서 투자 대상이 안 될 이유는 없습니다.

성장률이 높다고 가치투자의 대상이 안 될 이유는 상식적으로 전혀 없습니다. 높은 성장률 때문에 시장에서 주목하고 있어서 가격이 비싸고, 따라서 상대적으로 투자할 수 있는 기회가 적을 뿐입니다. 기회만 된다면 성장주도 충분히 가치투자자의 투자 대상이 될 수 있습니다.

Q 요약해보면, 현대 시대에 가치주와 가치투자는 관계가 없다, 그리고 성장주는 가치투자의 대상이 되기 어렵다, 이렇게 보면 될까요?

A 네, 정확합니다.

좀 더 풀어 설명하자면 현대 사회에는 '회계적인 장부가치가 본질가치와 별 상관이 없는 기업이 너무 많다', 그리고 '지금 주목받고 있는 기업, 즉 성장주들 중에서 싼 기업을 찾는 것은 대단히 어렵다', 이 두 가지로 요약할 수 있겠습니다.

아무리 훌륭한 기업이라도 지나치게 비싸면 가치투자의 대상은 되기 어렵습니다. 반대로 아주 좋지 않은 기업이라도 가격이 정말 충분히 싸면 가치투자의 대상이 될 수도 있습니다.

> 다수의 투자자보다 더 나은 수익률을 내려면
> 다수의 투자자와 다르게 생각하고 행동하여야 한다.
>
> — 존 템플턴

═══════════════════════ 권 교수의 ZOOM IN ★★★

'훌륭한 기업'과
'게으른 투자자'는 최상의 조합

훌륭한 기업이 좋은 투자 대상이라는 점은 누구나 잘 아는 사실입니다. 그런데 저는 여기에 한 가지를 더 보태고 싶습니다. '훌륭한 기업'일수록 '게으른 투자자'에게 매우 궁합이 잘 맞는 기업이라는 사실을 말입니다.

게으른 투자자의 입장에서 새로운 좋은 기업을 발굴하는 것은 정말로 힘들고 귀찮은 일입니다. 긴 보유기간 동안 주가가 약간의 등락을 보이더라도 끊임없이 가치가 올라가는 기업이라면, 물론 감수할 만한 일이라고 생각은 합니다.

하지만 사람도 10년을 안 보다 보면 바뀌듯이 10년 전의 그 기업과 지금의 그 기업은 많이 바뀌어야 마땅합니다. 워런 버핏은 10년을 보유할 기업이 아니라면 10분도 보유하지 말라고 했지만, 앞으로의 10년을 예측하는 것은 지나치게 어려운 도전일 될 수도 있습니다.

기업이라면 10년 동안 최소한 제품가격·서비스가격이 올랐든, 신제품을 내서 사용자가 늘었든 둘 중 하나는 해야 합니다. 만약 10년 동안 그 기업이 모든 면에서 제자리걸음이나 뒷걸음질을 치고 있었다면, 투자자는 심각하게 고민해봐야 합니다.

소비자의 가격저항이 심해서 10원 한 푼을 올리기가 힘든 제품이거나, 대체재가 너무 많아서 가격을 올리면 고객들이 죄다 빠져나갈 것 같은 제품이거나, 같은 제품을 내놓는 기업들과의 경쟁이 엄청나게 심해서 가격을 올리기가 어려운 분야에 있는 기업들이 여기에 속합니다.

10년 전에도 그 가격에 사던 제품을 10년 후가 된 지금도 비슷한 가격에 팔고 있다면 그 기업을 오랫동안 보유하는 것은 굉장히 부담스러운 일입니다. 특히 투자기간이 충분히 긴 투자자라면, 한 번의 투자기회가 귀중하기 때문에 더 조심해야 합니다.

그렇다면 그 반대의 경우는 어떨까요? 가격이 조금씩이라도 꾸준히 올랐거나, 예전에는 한 잔이면 충분했던 것을 지금은 하루에 두 잔이나 세 잔 정도는 마셔야 한다면, 그 제품을 만드는 기업 말입니다. 투자할 만한 가치가 충분하겠죠?

적어도 어떤 기업의 이전 10년을 거슬러 올라가 보았을 때 이후

10년이 이전 10년과 같아도 좋겠다고 생각하면, 그 기업은 투자할 만한 기업이라고 볼 수 있습니다.

사실은 어떤 기업이 내가 투자한 이후의 10년을 이전 10년보다도 더 잘하는 것은 대단히 운이 좋은 일입니다. 실제 시장에서는 앞으로의 10년이 이전의 10년보다도 못한 경우가 허다하니까요.

세 번째 대화

저평가와 본질가치 그리고 배당

일단, 싸게 사라

Q 이번 장에서는 '본질가치'와 '저평가'에 대해 집중적으로 다뤄보려고 합니다. 앞서 가치투자는 '본질가치보다 현재의 주가가 저평가된 기업에 투자하는 것'이라고 하셨는데, 그렇다면 본질가치는 구체적으로 어떻게 측정할 수 있을까요?

A 본질가치에 대한 가장 적절한 표현은 '기업 전체를 산다고 했을 때 내가 지불할 수 있는 금액'으로 보면 될 것 같습니다. 이를 주가로 바꾸려면 주식수로 나눠주기만 하면 됩니다. 본질가치는 내가 생각하는 금액이기 때문에, 모든 가치투자자들이 생각하는 기업의 본질가치는 모두 다릅니다. 또한 꼭 특정한 금액을 찍을 필요도 없습니다. 본질가치는 어떤 금액부터 어떤 금액까지의 범위의 형태로 지정되어도 실제 투자에는 아무런 문제가 없습니다.

다만, 이 지불할 수 있는 금액은 결국 기업이 돈을 얼마나 벌고 있고 앞으로 얼마나 벌지에 대한 예상에 따라서 이성적으로 결정되는 것입니다. 따라서 대단히 우수한 가치투자자들 여러 명이 모여 있다고 한다면, 물론 모두가 다른 가격을 제안하겠지만 대체로 어느 정도 수렴하는 값으로 모일 것입니다.

Q. 가격과 가치의 괴리를 이용하는 게 가치투자자라는 건 익히 알려져 있지만, 현재 시장에서는 가격과 가치의 괴리보다는 가치의 상승이 더 중요하다는 견해도 있습니다.

A. 가장 흔한 가치투자에 대한 오해입니다. 기업의 본질가치는 기업의 미래를 고려하여 평가해야만 합니다.

둘 다 아직 장사가 잘 되지 않는 가게이지만, 한 가게는 앞으로 큰돈을 벌 것 같고 다른 하나는 계속 장사가 안 될 것이라고 생각한다면 당연히 앞으로 큰 돈을 벌 것 같은 가게의 가치가 훨씬 비쌉니다.

때로는 한 가게는 장사가 지금은 잘 되지만 앞으로는 아무래도 힘들 것 같고, 다른 한 가게는 비록 지금은 장사가 안 되지만 앞으로는 잘될 것 같습니다. 그러한 미래까지 고려한 것이 현재의 가치입니다. 예를 들어 애플이나 구글 같은 기업들의 가치는 10년 전보다 훨씬 커졌을 것이고, 앞으로도 커질 가능성이 높습니다.

기업의 수명은 생각보다 깁니다. 그걸 고려한다면 지금 잘 하고 있는 기업보다 앞으로 잘 될 것 같은 기업의 본질가치가 더 크다는 것은 결코 신기한 일이 아닙니다.

다만 현재의 결과를 놓고 거꾸로 추정해보면, 아마 10년 전 애플이나 구글의 '가격'은 10년 전 시점에서의 애플이나 구글의 '본질가치'에 비해서도 많이 쌌을 가능성이 높다고 볼 수는 있겠습니다.

Q. 그렇다면 여러 훌륭한 투자자들이 모였는데 값이 수렴하지 않는다면 어떨까요?

A. 흥미로운 질문입니다. 예를 들어 어떤 회사의 본질가치를 투자자 A는 1,000억 원, 투자자 B는 1조 원으로 평가했다고 해보겠습니다.

먼저, 답할 수 없는 것은 A와 B 중 누가 맞느냐는 것입니다. 제 생각에는 둘 다 틀릴 가능성이 제일 높습니다.

하지만 지금 시장이 지금은 A의 의견처럼 1,000억 원 정도라고 평가하고 있는 기업인데, 실제 이 기업의 본질가치는 B의 의견처럼 1조 원에 가까웠다고 가정해보겠습니다. 그렇다면 이 기업은 B에게 있어서는 인생에 몇 번 오지 않을 황금 같은 기회가 될 것입니다.

질문처럼 여러 훌륭한 가치투자자들 사이에도 적정가치에 대한 확신이 없을 정도라면, 이 기업은 실제 가치에 비해서 엄청나게 저평가되어 있을 가능성이 있습니다. 특히 특정 산업분야나 기업에 대해서 다른 투자자보다 높은 수준의 경험이나 통찰력을 갖고 있다면, 이런 기회는 절대 놓쳐서는 안 될 것이라고 생각합니다.

Q. 본질가치는 주관적인 개념이라고 봐도 될까요? 일반적으로 가치투자자들이 말하는 본질가치와 지금 말씀하시는 본질가치는 많이 다른 것 같습니다.

A. 앞에서 말한 바와 같이 각자가 생각하는 본질가치는 모두 다릅니다.

만약 전지전능한 신이 있어 어떤 기업의 본질가치를 측정한다면, 한 기업의 특정 시점에서의 본질가치는 정확하게 딱 하나만 나올 것입니다. 하지만 투자자는 신이 아니기 때문에 정확한 본질가치를 측정할 수는 없습니다.

결국, 가치투자자들이 믿는 본질가치는 사실은 각자가 생각하는 본질가치입니다. 다만, 훌륭한 투자자가 충분히 많은 정보를 갖고 많은 노력을 하여 평가할수록 진짜 본질가치에 좀 더 근접한 값을 낼 가능성이 높을 뿐입니다.

그 기업의 CEO라고 하더라도 그 기업의 가치를 정확하게 알 수는 없습니다. 외부에서 관찰할 뿐 내부를 들여다볼 수 없는 투자자라면 한계는 훨씬 더 클 것입니다.

본질가치를 정확하게 측정하는 능력이 있다는 것이 수익률이나 투자행동에 정확하게 반영되는 것도 아닙니다. A라는 기업의 본질가치가 1만 원이고 현재 주가는 5,000원이라고 가정해보겠습니다.

이때 투자자 B는 이 기업의 본질가치는 8,000원이라고 추정하였고, 투자자 C는 이 기업의 본질가치가 9,500원이라고 추정하고 있다면, 두 투자자가 실제로 할 일은 5,000원에 지금 당장 주식을 사는 것입니다. 결과적으로 추정치의 차이는 제법 크지만 행동은 동일하게 나타날 수도 있습니다.

> 투자에서 가장 중요한 한 단어는 '안전마진'이다.
>
> — 벤저민 그레이엄

Q. 가치투자자들에게 가장 중요하다고 항상 언급되는 것이 안전마진입니다. 안전마진과 본질가치에 대해서 좀 더 설명해주시면 좋겠습니다. 안전마진은 클수록 좋다는 것은 맞는 건가요?

A. 안전마진은 내가 생각하는 그 기업의 가치와 지금 가격과의 차이입니다. 예를 들어 삼성전자의 가치가 500조 원 정도 된다고 생각할 때, 지금의 시가총액이 400조 원이라면 내 기준에서 삼성전자를 지금 사는 것은 100조 원의 안전마진이 있다고 생각하면 됩니다.

일반적으로 가치투자자들은 안전마진이 크면 클수록 좋다고 하지만, 요즘과 같은 시대에는 꼭 그렇지도 않은 것 같습니다. 오히려 요즘에는 안전마진이 너무 크다고 느껴질 때 투자를 주저하는 경우도 많습니다.

예를 들어 옷에 비유하자면, 백화점에서나 팔 만한 명품 브랜드 옷을 5,000원이나 1만 원에 팔고 있는 것과 같습니다. 물론 옷에 대해 보는 눈이 명확하게 있다면 자신 있게 살 수 있을지 모르겠지만, 대부분은 먼저 옷에 내가 모르는 굉장히 심각한 하자가 있는 것이 아닌지 의심을 하게 될 것이고, 의심이 맞을 가능성도 대단히 높습니다.

요약하자면, 싸게 사는 것은 좋지만 지나치게 싸게 보이는 것은 그만한 이유가 있는 것은 아닌지도 꼭 의심해볼 필요가 있다고 하겠습니다.

Q. 그렇다면 안전마진이 너무 크면 안 좋다는 말인가요? 너무 크다는 기준은 어느 정도로 보시나요?

A. 네. 안전마진이 너무 크다는 것은 오히려 경계해야 할 요인일 수도 있다고 생각합니다. 특히 시장이 전반적으로 엄청나게 하락한 상황이 아니라면, 안전마진이 대단히 크게 나타난다는 것은 매우 비정상적인 상황이라고 봐야 할 것 같습니다.

제 경우에는 주가가 전반적으로 크게 떨어진 상황이 아니라면, 본질가치를 1만 원 정도로 판단한 주식에 대해 기대할 수 있는 가격 범위는 현실적으로 5,000~8,000원 정도가 최대라고 생각합니다. 퍼센트로 따지면 본질가치의 50~80% 정도일 것 같습니다.

만약 그 주식이 그 이하의 가격에 지금 팔리고 있다면 본질가치를 잘못 측정했을 확률이 매우 높다고 생각합니다. 물론 금융위기와 같이, 그 주식뿐 아니라 다른 모든 주식들도 엄청나게 하락한 시기에는 예외적으로 그 이상의 안전마진을 갖는 기업이 나올 수도 있습니다.

Q. 워런 버핏의 '법칙 1: 절대로 돈을 잃지 않는다', '법칙 2: 절대로 법칙 1을 잊어버리지 않는다'에 대해서는 어떻게 생각하시나요?

A. 어떻게 받아들이느냐에 따라서 매우 다른 해석들을 낳을 수 있다고 생각합니다.

제 해석은, 결국 '기업의 본질가치보다 싸게 사야 한다'라는 말을 하고 싶었던 것이 아닌가 생각합니다. 적어도 버핏이 그동안 했던 말들을 아울러 고려했을 때 '손절매를 칼같이 하라'라는 말로 이해해서는 절대 안 된다고 생각합니다.

기업의 본질가치를 정확히 측정했다면, 가치투자자는 그 기업을 산 순간 돈을 번 것과 같습니다. 재무에서는 순현재가치(NPV)Net Present Value가 양의 값일 때만 투자해야 한다는 말과 같습니다.

다만, 다소 과도하게 직관적으로 요약되었기 때문에 그 의미가 왜곡되어 이해하는 경우도 많고, 악용되는 경우도 많은 글귀라고 생각합니다.

Q 안전마진과 수익률은 어떤 관계가 있나요?

A 가치평가를 제대로 했다는 가정 하에서 안전마진이 크면 수익률도 큰 것이 당연하지만, 실제로는 약간 애매한 관계인 것 같습니다.

수익률은 기간에 따라서 크게 다를 수 있는데, 똑같이 저평가된 기업이라 하더라도 언제 재평가되는지에 따라서 찍혀 나오는 수익률은 크게 다를 수 있기 때문입니다.

사실 수익률이 가장 화려하게 나올 수 있는 경우는 기업이 처한 상황이 최악의 상황에서 최고의 상황으로 급하게 바뀌는 상황입니다. 기업이 적자를 몇 년째 내고 있다가 갑자기 대규모의 흑자전환을 하는 상황이 이에 해당합니다. 스포츠 경기로 비유하면 랭킹으로 50위권, 또는 100위권에 있던 나라가 난데없이 월드컵에서 우승하는 경우라고 볼 수 있습니다.

하지만 이런 경우를 잡는 것은 매우 어렵습니다. 많은 경우, 상황이 좋지 않게 보이는 기업은 실제로는 더 안 좋은 경우가 많습니다. 겉으로는 안 좋아 보이지만 실제로는 훌륭한 기업을 찾는 것은 대단히 힘든 일입니다.

그런 기업을 찾는 것보다는 상식적인 선에서 돈을 벌고 있는 기업 중에서 안전마진이 있는 기업을 찾는 것이 훨씬 쉽다고 생각합니다.

Q. 금융위기에는 예외적으로 극단적인 저평가가 나타날 수 있다고 하셨는데, 혹시 금융위기 기간에는 어느 정도까지 본질가치 대비 얼마나 싸게 될 수 있다고 생각하시는지 궁금합니다. 만약 그렇게 주식이 헐값이 될 수 있다면, 왜 그런 현상이 나타나는 걸까요?

A. 금융위기 기간은 굉장히 높은 불확실성과 불안함이 지배하는 시간입니다. 따라서 대표적인 위험자산인 주식에 대한 기대감이 크게 떨어질 수밖에 없습니다.

이 기간에는 기업들이 실제로 망하는 경우도 잦으며, 평상시에는 절대 망하지 않을 것 같은 기업들도 외부 충격에 따라 망할 가능성이 생기기 때문에 전반적인 할인이 나타납니다.

일반적인 제조업을 기준으로 볼 때, 금융위기 기간에는 본질가치의 30% 정도까지는 가능할 수도 있다고 생각합니다. 아무리 금융위기라도 공장이 있어 물건을 만들고 있고 직전년도에 어느 정도 이익을 낸 기업이라면 그 이상 떨어지기는 힘들 것 같습니다.

유형자산이 거의 없는 서비스업의 경우는 금융위기의 성격이나 경기민감도에 따라서 더 크게 깎여서 거래되는 것도 생각해볼 수 있을 것 같습니다. 이번 코로나19 사태에서 여행 관련 기업들의 경우가 그렇습니다.

Q. 일반적으로 PER이 낮거나 PBR이 낮으면 저평가되었다고 하는데, 거기에 대해서는 어떻게 생각하시나요?

A PER이나 PBR은 전통적인 지표이고, 이 지표들이 낮다는 것은 저평가되어 있을 가능성이 높다는 것은 맞습니다. 하지만 기업의 이익이나 장부가치가 기업의 본질가치를 정확하게 대표하지 못하는 경우가 너무 많습니다. 기업가치를 특정하는 데 있어서 PER과 PBR은 한계가 분명합니다.

최근 '저PER' 또는 '저PBR' 투자의 효용이 많이 떨어졌다는 의견들이 있는데, 충분히 근거 있는 주장이라고 생각합니다.

예를 들어 제조업 중에서는 현금흐름과 이익에 큰 차이가 있는 기업들이 많습니다. 연결재무제표의 영향으로 이익의 대표성이 떨어진 기업들도 많습니다. 서비스업 기업의 경우 장부가치와 기업가치가 거의 관련이 없는 경우도 흔합니다.

따라서 전통적인 의미의 저PER, 저PBR 투자의 경우 충분히 훌륭한 기업들을 너무 많이 놓칠 수 있다는 점에서 현재의 투자환경에는 적합하지 않은 면이 있다고 생각합니다. 물론 그렇다고 해서 PER이나 PBR이 아예 의미를 상실했다고 보기는 어려울 것 같습니다.

PER이나 PBR을 통해 기업가치를 추정하는 것은, 비유하자면 키가 크면 농구를 잘 할 가능성이 높을 것이라는 정도의 의미가 있습니다. 이익에 비해서 낮은 배수로 거래되고 있다, 혹은 장부가치에 비해서 낮은 배수로 거래되고 있다는 것은 딱 이 정도의 의미로 받아들이는 게 적절할 것 같습니다.

Q 그럼 극단적으로 PER이 100배이거나 PBR이 10배를 넘더라도 가치투자의 대상이 될 수 있다고 생각하시나요?

A 네. 가능합니다.

과거나 현재, 또는 가까운 미래의 이익이 그 기업의 본질가치를 제대로 못 보여주는 경우는 흔합니다. 회계상의 장부가치가 본질가치를 제대로 못 보여주는 경우는 그보다도 훨씬 더 흔합니다.

어떤 이유에서든 그 기업의 이익(E)Earning과 장부가치(B)Book Value가 본질가치를 제대로 보여주지 못한다고 확신한다면, PER이든 PBR이든 그 기업에 대한 가치평가에서는 쓸모가 없습니다.

Q. 배당에 대해서도 궁금합니다. 대체로 가치투자자들은 고배당주를 선호하는 것으로 알고 있습니다. 고배당주 투자가 가치투자와 어떤 관계가 있는지 설명해 주시면 좋겠습니다.

A. 먼저, 고배당의 이유를 파악할 필요가 있을 것 같습니다.

기업의 성장성이 매우 떨어지는 상황에서 고배당주인 경우는, 그만큼 기업의 주가 상승이 제한적인 것은 감수해야 할 것입니다. 물론 고배당주가 각광받는 기간들이 주기적으로 나타나고 그런 때에는 주가가 단기적으로 크게 오를 때가 있습니다. 하지만 그걸 기대하고 고배당주에 집중하는 것은 너무 운이 따르기를 기대하는 것 같습니다.

종합적으로 볼 때 고배당투자와 가치투자의 접점은 크다고 생각합니다. 배당은 기업의 성과를 대표하기에 여러모로 좋은 지표입니다. 한국과 같이 대부분의 기업들에 오너경영인이 있는 경우에는 인위적으로 무리한 배당을 하는 경우가 거의 없기 때문에 더욱 그렇습니다.

다만, 최근에는 배당수익률보다는 배당성장률이 좀 더 의미 있는 지표가 아닌가 생각합니다. 주가가 단기간에 크게 떨어져서 배당수익률이 좋게 보이는 기업들의 경우, 투자자가 미처 파악하지 못한 심각한 문제가 있는 경우가 많기 때문입니다.

Q. 배당수익률보다는 배당성장률이 더 중요해 보인다는 말이 흥미롭습니다. 배당 성향, 배당수익률, 배당성장률 등 배당과 관련된 지표들이 많은데요?

A. 배당과 관련된 지표 중에서 전통적으로 가장 중요하게 여겨지는 것이 배당수익률입니다.

하지만 일반적으로 쓰이는 배당수익률의 기준이 전년도 배당이라는데 문제가 있습니다. 고배당주로 분류되는 많은 기업들이 실제로는 여러 이유로 주가가 크게 떨어진 기업이기 쉽다는 것입니다. 고배당을 기대하고 배당주에 투자했다가 배당보다 주가가 훨씬 더 떨어져서 마음고생을 하는 경우들이 주로 여기에 해당합니다.

가장 먼저 봐야 할 것은, 배당의 예측가능성이라고 생각합니다. 기업이 적어도 3년 이상 배당을 꾸준히 주고 있고, 이익도 꾸준한 기업인지를 봐야 합니다. 두 번째로, 배당의 성장가능성을 봐야 합니다. 그동안 배당을 증가시켜온 흐름이 있는지를 보면 됩니다.

이 두 가지가 충족되었을 때 배당수익률이 충분히 매력적인지를 보면 될 것 같습니다.

최근의 경우는 배당수익률이 5%를 넘는 기업은 오히려 매력도가 떨어지는 경우가 잦았습니다. 기준을 정하기는 어렵지만 주가가 전반적으로 크게 떨어진 경우가 아니라면, 3%를 전후한 기업들이 가장 매력적으로 보입니다.

Q 그렇다면 배당을 주지 않는 기업에 대해서는 어떻게 생각하시나요? 워런 버핏의 버크셔 해서웨이도 그렇고, 한국에도 시가배당률이든 배당 성향이든 낮은 기업들이 많이 있습니다. 배당을 주지 않는 기업에도 투자할 수 있을까요?

A 버크셔 해서웨이는 매우 예외적인 경우입니다. 세계 최고의 투자자를 경영자로 둔 기업에서 배당을 줄 필요는 전혀 없습니다.

오히려 버크셔가 배당을 준다면 그건 아주 위험한 신호일 수 있습니다. 버크셔가 더 이상 투자할 만한 투자처를 찾지 못해서 과도한 자금이 쌓이고 있다는 신호일수도 있기 때문입니다.

특히 버크셔의 경우 자사주가 너무 비싼 경우만 아니라면 배당보다는 자사주 매입을 좀 더 선호하는 것으로 알고 있습니다.

버크셔를 제외하고 일반적인 제조업이나 서비스업을 본다면, 배당을 주지 않는 기업이라도 투자는 할 수 있습니다. 하지만 그 이유에 대해서는 엄격하게 볼 필요가 있습니다.

일단 투자를 꾸준히 하고 있고 현금을 효율적으로 소모시키고 있는 기업은 괜찮습니다. 그리고 배당은 주지 않더라도 자사주 매입을 적극적으로 하고 있다면 현금배당보다도 좋을 수도 있다고 봅니다.

부정적인 경우는 더 이상 성장할 만한 여지가 별로 없는데 배당에만 인색해서 현금이 과도하게 쌓이는 경우가 있습니다. 그리고 배당에는 굉장히 인색하다가 대규모 인수합병을 뜬금없이 시도하는 경우를 가장 나쁘게 봅니다.

Q. 배당에 대해서는 긍정적인 반면 인수합병에 대해서는 상당히 부정적인 것으로 들립니다. 인수합병의 성공 가능성을 특별히 낮게 보시는 이유가 있나요?

A. 아무래도 인수합병은 파는 쪽이 좀 더 유리한 상황인 경우가 많아서 그렇습니다. 시장이 엄청나게 나쁘지 않고서는 대체로 파는 쪽이 사는 쪽에 비해 유리한 경우가 많습니다. 그리고 시장이 엄청나게 나쁘다면, 십중팔구는 안 팔고 기다리는 쪽을 택하기도 합니다.

저는 기업이 대규모 인수를 단행했다고 하면 비싸게 샀을 가능성을 높게 보는 편입니다. 다만, 소규모 인수의 경우에는 상대적으로 비싸게 샀다고 하더라도 기업가치에는 큰 영향을 주지 않는 것 같습니다.

현실적으로 인수합병을 하나하나 따져서 좋은지 나쁜지를 가려내기는 쉽지 않습니다. 엄청나게 비싸게 산 경우만 가려낼 수 있어도 큰 성공이라고 생각합니다. 특히 최근에 많이 나오고 있는 국내기업이 외국기업을 인수한 경우가 가장 평가하기 힘든 경우인데, 대체로 정말 평가하기 힘들다 싶으면 어느 정도 경영자를 믿고 넘어가는 경우도 있습니다.

하지만 그런 경우에도 그 기업에 또 투자할 일이 있을 때, 언제라도 해당 기업이 인수합병에 나설 수 있다는 점을 염두에 두고 가격을 좀 더 깎을 때는 있는 것 같습니다.

Q 자사주 매입에 대해서 상당히 긍정적인 입장이신 것 같습니다. 이유가 있으신가요? 그리고 기업들이 자사주를 매입해 소각한 경우와 소각하지 않고 보유하고 있는 경우가 있는데, 어떤 차이가 있는 것인가요?

A 공매도 투자는 하지 않으니, 제가 투자할 수 있는 대상은 저평가되었다고 판단되는 기업들밖에 없습니다. 따라서 투자한 기업이 싸게 자사주를 거둬들이는 것은 투자자로서는 긍정적으로 보일 수밖에 없습니다.

회계적으로는 자사주이지만 다른 저평가된 기업의 주식을 사는 것과 비슷하게 이해할 수도 있습니다. 예를 들어 100억 정도의 가치가 있는 어떤 기업의 주식을 70억 원에 샀다면, 이는 그 기업의 가치를 30억 원만큼 증가시키게 될 것입니다.

자사주도 이와 같습니다. 현재 시장에서 1만 원에 거래되고 있는 기업의 본질가치를 내가 2만 원 정도라고 평가하고 있다고 가정해 보겠습니다. 그렇다면 내 관점에서 이 기업이 자사주를 1주 사는 것의 효과는 내가 투자한 기업이 1만 원을 버는 것과 마찬가지입니다.

문제는 소각을 하느냐 마느냐인데, 많은 분들이 소각을 하지 않으면 효과가 없다고 하지만 저는 그렇게 생각하지 않습니다.

소각을 하든 말든 자사주를 거둬들였으면 일단 자사주 매입의 효과는 나타난다고 봅니다. 자사가 아닌 다른 기업의 주식을 사는 것과 본질은 다르지 않습니다.

다만, 기업이 과거에 사들여 보유하고 있던 자사주를 어떤 이유로든 시장에 내놓으면 그 시점에서 유상증자와 동일하게 인식하면 될 것 같습니다.

Q. 가치투자의 대상은 '저평가된 기업'이라고 계속 말씀을 해주시는데, 그럼 저평가된 기업이 시장에 하나도 보이지 않는 상황이면 어떨까요? 만약 그런 상황이 닥친다면 어떻게 해야 하는지 궁금합니다.

A. 시장에 가치투자의 대상이 항상 존재하는지에 대한 문제인 것 같습니다. 물론 항상 저평가된 기업이 존재하지는 않습니다.

예를 들어 엄청나게 비싼 식당에 들어갔다고 해보겠습니다. 이 식당에는 내 기준으로 볼 때 덜 비싼 메뉴는 있어도 비싸지 않은 메뉴는 하나도 없을지도 모릅니다.

그렇다면 내가 할 수 있는 최선은 바로 그 식당을 나오는 것이 될 것입니다.

Q 많은 투자대가들이 주식을 100% 보유하라고 하는데, 지금 말씀대로라면 현금을 보유해야 할 때도 있다는 말인가요?

A 네. 이것은 마켓타이밍과는 다른 문제입니다.

마켓타이밍은 앞으로 가격이 어떻게 바뀔지를 예측해 의사결정을 하는 것입니다. 예를 들어 다음 주에 할인행사를 할 것이라고 예상된다면, 지금은 그 물건을 사지 않는 것과 같습니다.

마트에 있는 모든 물건이 너무 비싸서 도저히 살 만한 것이 안 보이는 상황이 있을 수 있습니다. 그런 상황에서는 굳이 지갑을 비우려고 노력할 필요는 없다고 생각합니다.

분석하지 않고 투자하는 것은
카드를 보지 않고 포커를 치는 것과 같다.

― **피터 린치**

Q 공매도를 이용하면 그런 상황에서도 가치투자가 가능하지 않을까요? 예를 들어 가장 고평가된 것으로 보이는 기업에 투자한다면 되지 않을까 싶습니다.

A 저평가된 기업을 찾는 것과 고평가된 기업을 찾는 것은 많이 다를 수 있다고 생각합니다.

연관성은 있을 수 있습니다. 하지만 평생 저평가된 기업만 찾아다니던 투자자가 갑자기 가장 고평가된 기업을 찾을 수 있을까요? 오히려 일반적인 투자자에 비해 더 모르고 있을 가능성도 높습니다. 저평가된 기업을 찾을 수 있으면 당연히 고평가된 기업도 찾을 수 있는 것 아닌가라고 단순하게 말할 수 있는 문제는 아닙니다.

또 다른 문제점은 좋은 기업의 본질가치는 시간이 지날수록 올라가는 경향이 있습니다. 결과적으로 비싸다고 생각해서 공매도를 했지만, 그 상태에서 시간이 흘러버리면 그 가격이 적정가치가 될지도 모릅니다.

만약 가치투자와 공매도를 연결시키고자 한다면, 일반적인 가치투자자가 저평가를 찾기 위해 노력하는 것 이상으로 고평가된 기업을 정확히 찾기 위한 본인만의 특별한 노하우가 있어야 할 것 같습니다.

Q 다소 엉뚱할 수도 있을 것 같은데, 마지막 질문으로 드려보겠습니다. 가치투자가 존재의미를 상실하려면 무엇을 증명하면 될까요?

A 먼저, 기업의 본질가치와 가격의 관련성이 전혀 없다는 것을 증명하게 되면 가치투자는 더 이상 의미가 없을 것입니다. 공부를 열심히 해도 성적이 오르지 않는다는 것이 명확하게 증명된다면 더 이상 공부할 필요는 없으니까요.

또 다른 경우라면, 본질가치보다 훨씬 더 가격을 잘 설명할 수 있는 어떤 다른 요인이 전세계적으로 공개되는 경우도 생각해볼 수 있겠습니다.

마지막으로 본질가치가 존재하는 것과는 상관없이, 기업의 본질가치를 비슷하게라도 측정하는 것이 절대로 불가능함을 보인다면 가치투자는 불가능할 것입니다.

본질가치를 측정할 수 없다면 본질가치와 가격의 차이를 계산하는 것도 당연히 불가능할 것입니다. 그렇다면 가치투자의 전제인 저평가된 기업을 찾는 것이 불가능하므로 가치투자는 의미를 잃을 것입니다.

권 교수의 ZOOM IN ★★★

주가가 떨어진 기업을
너무 쉽게 선택하기도 한다

　투자자들은 주가가 이전의 최고점에 비해 크게 떨어진 기업에 투자할 때 마음을 편하게 갖는 경향이 있습니다. 이는 참조할 수 있는 뭔가가 있기 때문에 안심을 하는 것입니다.

　할인점에서 할인행사를 할 때 그냥 '5,000원에 판매한다'고 하지 않고 굳이 '1만 원짜리를 5,000원에 판매한다'고 강조하는 것도 이런 심리를 자극하는 것이지요.

　예를 들어 삼성전자가 10만 원에서 5만 원으로 떨어졌다면, '앞으로 10만 원까지는 모르겠지만 8만 원은 가겠지'와 같이 판단하는 식입니다. 때로는 이런 생각을 하기도 합니다. '10만 원에 산 사람에 비해 나는 5만 원에 샀으니 5만 원은 벌고 가는 거다'라고 말입니다.

　하지만 투자자라면, 해당 기업의 본질가치가 10만 원도 5만 원도 아닌 2만 원이나 1만 원일 수도 있다는 점을 언제나 생각하고 있어야 합니다.

이번에는 반대의 경우를 살펴볼까요. 투자자에게 지금이 최고점인 기업을 사는 것은 매우 불편한 일입니다. 가치투자자들에게 특히 더 그렇습니다.

먼저, 어디까지 더 오를지를 스스로 판단하고 결정해야 하는데, 이것은 대단히 힘든 일입니다. 이전에 비해서도 비싸게 사야 한다는 사실 또한 기분을 불쾌하게 합니다. 특히 과거에 내가 그 가격에는 사지 않았는데, 지금은 그보다도 비싼 가격에 사야 한다는 사실은 가치투자자로서 과거 자신의 판단을 부정하는 것과 같습니다. 누구에게나 자신의 판단을 스스로 뒤집는 것은 대단히 불편한 일입니다.

하지만 그런 이유로 사야 할 기업을 사지 않거나 더 사야 할 기업을 더 사지 않는다면 이것은 투자자로서 적합한 마음가짐이 아닙니다. 이런 어려움을 극복하려면 단단한 마음의 준비가 필요합니다.

한편 가치투자자들이 겪는 또 다른 문제가, 오르는 기업을 너무 빨리 팔아버리는 것입니다.

가치투자자의 투자과정은 먼저 기업의 본질가치를 평가하고, 주가와 비교해 적절한 투자 대상이라고 생각되면 매수하게 됩니다. 문제는 기업의 본질가치는 끊임없이 바뀐다는 점입니다. 특히 훌륭한 기업일 경우 과거의 본질가치와 현재의 본질가치의 차이는 놀라울 정도로 클 수도 있습니다.

따서 이전에 결정했던 본질가치에 집착해, 조금 올랐을 때 팔아버리는 것은 분명 '실수'입니다. 굉장히 훌륭한 기업을 너무 빨리 놓치게 되니까요.

또한 가치투자자들은 보유한 기업이 비싸게 보이는 것을 잠시도 참지 못하는 경우가 흔합니다.

하지만 빠르게 성장하는 기업의 경우 상당기간 동안 본질가치보다 더 비싼 가격으로 평가되는 경우가 흔합니다. 이런 경우 본질가치보다 비싸다는 이유만으로 매도한다면, 이후 이 기업을 다시 살 기회가 없을 수도 있습니다. 이 기업은 빠르게 계속 성장하며 아주 오랜 기간 동안 다시 싸지지 않을지도 모릅니다.

따라서 기업이 충분히 좋은 성과를 내고 있고 앞으로도 그럴 것이라고 예상된다면, 조금 비싼 가격이라고 하더라도 보유하고 있는 것도 좋은 투자전략이 될 수 있다고 생각됩니다.

네 번째 대화

기업가치평가

'나만의 가격표'는 필수이다

Q. 기업가치평가라는 말은 많이 들었지만 막상 가치투자와 연결해서 딱 떨어지게 이야기하려고 보면 어려운 것 같습니다. 기업가치평가와 가치투자의 관계는 어떻게 될까요?

A 기업가치평가는 기업의 본질가치를 측정하는 행위와 본질가치를 측정하기 위한 학문이나 모델, 수학적 도구 등을 통칭합니다.

가치투자가 성립하려면 기업의 본질가치와 기업의 가격을 비교해야 하기 때문에, 기업가치평가와 가치투자는 직접적인 연관이 있습니다.

예를 들어 기업을 사람에 비유한다면, 기업가치평가는 어떤 사람에게서 그가 평생 동안 벌 소득의 1%를 받는 조건으로 내가 지금 그에게 얼마를 주면 될지를 결정하는 것과 같습니다.

다시 말해 어떤 사람이 평생 벌 소득의 1%를 내놓는 조건으로 지금 10억 원을 달라고 한다면, 어떨 때는 제의를 수락해야 하고 어떨 때는 거절해야 할 것입니다. 이 때 수락과 거절의 기준을 정하기 위한 숫자를 찾는 것이 기업가치평가의 궁극적인 목적이라고 봅니다.

Q 그렇다면 기업분석과 기업가치평가의 관계는 어떤가요?

A 기업가치평가에서 평가하기 위한 대상이 기업이기 때문에 기업분석이 필요한 것입니다. 분석에 들이는 시간과 노력은 각기 다를 수 있지만, 분석을 전혀 하지 않고 평가만 할 수 있는 편리한 방법은 없습니다.

Q 기업가치평가에 대해서 재무나 회계 지식은 얼마나 필요한가요? 주식으로 큰 돈을 번 분들 중에서도 재무나 회계지식이 필요하다는 분들이 있고, 크게 중요하지 않다는 분들도 있습니다.

A 투자와 사업은 속성이 매우 비슷합니다. 재무나 회계에 대해서 많이 알면 알수록 좋지만, 해당 분야의 전문성이 수익률로 정확히 연결되지는 않을 뿐입니다. 특히 지식으로 아는 것과 실제로 행동으로 옮기는 것에는 큰 차이가 있습니다. 다이어트를 하기 위해서 무엇을 해야 하는지는 모두가 알고 있지만 실제로 다이어트에 성공하는 사람이 소수인 것과 같습니다. 이와 같은 아는 것과 행동하는 것의 차이가 나타나는 가장 큰 이유는 주가와 기업가치가 결국 같이 간다는 믿음이 없기 때문입니다. 기업가치를 평가하는 데 있어서 아무리 전문가라고 하더라도 주가가 기업가치와 따로 간다 생각하면 그대로 투자할 이유가 없을 것입니다. 이 믿음의 유무가 주식시장에서의 행동을 결정하는 가장 중요한 요인입니다.

Q. 최소한 이 정도는 알아야 한다는 어떤 기준을 제시해주실 수 있나요?

A. '회계원리'와 '재무관리' 정도는 한번쯤은 들어두면 좋습니다. 대학교 2학년 정도에 개설되는 과목인데, 물론 요즘은 동영상강의나 무료 유튜브 강의도 잘 되어 있기는 하지만 대학생이라면 교양과목 듣는 것처럼 한번 수강해보기를 권합니다.

그리고 마이클 포터 Michael E. Porter 교수의 '5가지 경쟁요인' 정도는 상식으로 알고 있을 필요가 있습니다. 그 이상은 각자의 판단에 맞춰서 더 필요하다 싶으면 그때그때 더 공부하면 될 것 같습니다.

Q. 주식을 배우는 방법으로 모의투자는 어떻게 생각하시나요? 효과가 있나요?

A. 예전에는 안 해보는 것 보다는 낫지 않나 생각했는데, 요즘은 하지 말라고 합니다. 모의투자를 하게 되면 아무래도 진지함이 떨어집니다. 내 돈이 아니라고 생각하고 게임이라고 생각하니까 기업가치와는 상관없이 잦은 매매를 하기 쉽습니다. 이런 잦은 매매는 개인투자자에게 매우 안 좋은 습관이고 고치기도 어렵습니다.

같은 맥락에서 모의투자대회 참가도 추천하지 않습니다. 차라리 괜찮은 책을 딱 한 권이라도 제대로 읽거나, 혹은 회계나 기업가치 관련 유튜브 동영상을 하나라도 보고 시작을 하는 것이 훨씬 낫다고 생각합니다.

Q 그렇다면 기업가치평가에 있어서 가장 먼저 해야 할 일은 무엇이 있을까요?

A 기업가치평가의 시작이자 끝은 '나만의 가격표'를 만드는 것입니다.

중고차시장의 경우 그 구조가 주식시장과 매우 흡사합니다. 하지만 한 가지 명백하게 다른 점이 있다면 신차의 가격은 충분히 잘 알려져 있다는 것입니다. 신차의 가격은 일반적으로 중고차 가격의 상한선이 됩니다. 쉽게 말해서 아반떼 중고차를 아반떼 신차보다 비싸게 주고 살 사람은 극히 드뭅니다.

하지만 안타깝게도 주식시장에는 이런 상한선이 없습니다. 그래서 대략적으로 나만의 가격표를 만들 필요가 있습니다.

너무 복잡할 필요는 없습니다. 이 정도의 가격을 줄 수 있지 않을까 정도로 간단하게 만들어도 됩니다. 처음에 만들 때는 틀리거나 어설프게 만들어도 괜찮습니다.

그래도 반드시 있기는 있어야 하는 것이 나만의 가격표라고 생각합니다. 특히 상한선은 꼭 만들어놓아야 합니다. 중고차시장과는 달리 주식시장에는 그 어떤 상한선도 없습니다. 만약 본인의 가격표를 만들어두지 않았다면 엉겁결에 아반떼 중고차를 제네시스 신차보다도 훨씬 비싼 가격으로 사게 될지도 모릅니다.

Q. 자동차에 비유해서 설명해주신 것이 흥미로운데, 가치투자를 자동차시장에 비유할 수도 있을 것 같습니다.

A. 소나타를 아반떼 가격에 사서 그랜저 가격에 팔거나, 제네시스를 제네시스 가격에 사서 잘 타고 다니는 것 정도가 아닐까 싶습니다. 다만 자동차와 주식시장의 결정적인 차이점이 있다면, 자동차는 시간이 갈수록 가치가 떨어지지만 주식은 아니라는 것에 차이가 있겠습니다.

> 지금까지 살아오면서 독서를 좋아하지 않으면서도
> 광범위한 주제에 대한 현명한 의견을 가진 사람을
> 단 한 명도 본 적이 없다.
>
> — 찰리 멍거

Q 기업가치평가에 대해서 좀 더 구체적으로 예를 들어주실 수 있을까요?

A 평소에 편의점이나 카페에서 하는 것과 비슷합니다. 예를 들어 카페에서 자리를 잡고 아메리카노를 마신다 하면 대체로 5,000원에서 1만 원 정도로 생각을 하실 겁니다.

1만 원이 넘는다면 아마 경치가 매우 좋다든가 하는 뭔가 타당한 이유가 없다면 지갑을 열기가 어려울 것 같습니다. 그렇다면 아메리카노에 대한 상한선은 1만 원 정도인 겁니다.

기업에 대해서도 같은 평가를 하는데, 딱 하나 다른 점이 있다면 기업은 숫자로 이해해야 한다는 것만 차이가 있습니다. 직원을 뽑을 때 서류만 보고 심사하는 것과 비슷할 것 같습니다.

다시 강조하지만, 복잡할 필요는 전혀 없습니다. 가장 간단하게 영업이익을 기준으로 만들어보면 이런 식입니다. '10조 원 이상의 시가총액을 받으려면 1조 원 정도는 영업이익이 나오고 있거나, 적어도 이후 1년에서 3년 내에는 1조 원 정도의 영업이익은 나와야 한다', '시가총액 3,000억 원 이상을 받으려면 최근 3년간 100억 원 정도의 영업이익은 나와야 하고, 앞으로도 3년간 100억 원 앞뒤로는 나와야 한다', 이 정도로만 만들어도 충분합니다.

프로그램을 만든다던가, 엑셀로 수식을 쓴다든가 하는 것은 해도 되고 안 해도 된다고 생각합니다.

Q. PER이나 PBR이 현 시점에서는 기업들의 가치평가에 있어서 한계가 있는 지표라고 앞에서 말씀해주셨는데, 굳이 영업이익을 기준으로 설명해주신 이유가 있나요?

A 영업이익이 가장 직관적으로 이해하기 쉽기 때문입니다. 현금흐름을 써도 좋고, 재무비율을 쓰거나 본인만의 특수한 공식을 활용할 수도 있습니다. 아예 재무제표와는 관련이 없는 본인만의 지표를 쓸 수도 있습니다. 뭐가 됐든 간에 그 기업이 얼마짜리인지를 가늠하기 위한 최선의 방안을 찾으면 됩니다.

다시 말씀드리지만 공식이나 프로그램을 복잡하게 만드는 것은 목적이 아닙니다. 나라면 이 정도의 기업을 이 정도면 사겠다는 가격표를 짠다고 생각하면 됩니다.

상대적으로 평가해보는 것도 좋습니다. 예를 들어 비슷한 규모와 비슷한 이익을 꾸준히 내고 있는 두 개의 은행 A와 B가 있는데, A은행의 시가총액은 10조 원이고 B은행의 시가총액은 5조 원이라면 그 이유가 무엇인지에 대해 충분히 궁금해할 수 있다고 생각합니다.

Q. 기업가치평가를 위해 체크리스트를 쓰시나요? 혹시 이런 내용들은 체크리스트에 반드시 들어가야 한다 싶은 그런 것들이 있을까요?

A. 체크리스트를 쓰는 건 좋은데, 안타깝게도 많은 경우에 요식행위가 되는 것 같습니다. 이미 잘 만들어져서 온라인에 돌아다니는 투자에 대한 체크리스트들도 많이 있습니다.

하지만 많은 경우 정말로 냉정하게 체크를 하기보다는, 이미 투자를 결정한 상태에서 안도감 또는 안심을 얻기 위해서 체크리스트를 쓰는 경우가 많은 것 같습니다.

체크리스트를 만들려면 100문 100답이라도 만들 수 있겠지만, 현실적으로 기억하고 쉽게 체크할 수 있는 수준은 많아야 5가지 정도인 것 같습니다.

적어도 1) 해당 기업은 무엇을 파는 기업인가? 2) 해당 기업이 가장 어려웠던 때, 혹은 어려워질 때는 언제이고 이유는 무엇이었나? 3) 해당 기업 또는 경영자는 그동안 주주에게 어떻게 대해 왔는가? 4) 해당 기업의 재무제표와 신용등급은 양호한가? 조금 더 범위를 넓히면, 해당 기업이 속해 있는 그룹의 재무제표나 신용등급은 양호한가? 5) 최근 5년에서 10년 정도의 기간을 보았을 때 해당 기업의 주가는 상승해 왔는가? 하락해 왔는가? 정도는 꼭 확인해보아야 한다고 생각합니다.

Q. 다른 것은 그렇다치고, 무엇을 파는 기업인지도 모르고 투자할 수가 있나요?

A. 예를 들어 삼성전자가 반도체나 휴대폰, TV 등등을 판다는 것은 꼭 삼성전자에 투자를 하지 않더라도 대부분의 사람들이 이미 알고 있는 상식입니다. 그보다는 조금은 더 알아야 할 것 같습니다.

적어도 삼성전자가 주로 무엇을 팔아서 가장 큰 돈을 버는지, 그리고 반도체라면 어디에 주로 쓰이는 반도체를 만드는지 정도까지는 알아야 무엇을 파는지 안다고 할 수 있을 것 같습니다. 다른 예를 들어 조선업체라 한다면, 조선업체가 배를 만들어 판다는 것은 누구나 알고 있겠지만 다양한 선종 중에서 주로 어디에 쓰이는 배를 만드는지는 차이가 큽니다.

무엇을 파는 것을 안다는 것은 최소한의 비즈니스 모델을 이해한다는 것과 같습니다.

설령 지금 벌어들이는 돈이 완벽하게 똑같다고 하더라도, 김밥을 파는 가게와 족발을 파는 가게는 분명한 차이가 있습니다. 특히 기업이 주력사업을 순식간에 바꾸는 것은 거의 불가능합니다. 따라서 지금 무엇을 팔고 있는지를 이해하는 것은 대단히 중요하다고 생각합니다.

Q. 투자자마다 각자의 가치평가의 기준은 다를 수 있다고 했는데, 그래도 기준을 만드는데 있어서 유의해야 할 사항이 있을까요?

A. 최소한 기준이라고 한다면, 기업의 가치나 비즈니스와 연관성이 조금은 있어야 할 것입니다. 축구선수를 뽑는데 달리기 실력을 보는 것은 대체로 합리적입니다. 하지만 역도선수를 뽑을 때 달리기를 기준으로 뽑겠다고 한다면 그 근거를 따져볼 필요가 있을 겁니다.

예를 들어 이익이나 현금흐름, 자산의 장부가치 등은 전통적으로 기업가치를 가늠하는데 사용되어 왔습니다. 종업원의 수나 종업원의 증감, 특허의 개수 등등도 충분히 기업가치와 연관성이 있을 수 있습니다.

기업의 가치를 측정하는데 활용할 수 있는 정보는 매우 많습니다. 그중 어느 것을 택하고 어떤 것을 버릴지는 각자의 선택입니다. 그래도 추천을 하자면 전통적으로 활용되는 현금흐름, 이익, 자산의 장부가치 등은 크든 작든 기준을 고려할 때 넣는 것이 합리적일 것 같습니다.

Q. 그래도 어려워 보입니다. 좀 더 직관적으로 기준을 만들어볼 수는 없을까요? 이런 숫자들은 꼭 챙겨볼 필요가 있다는 구체적인 힌트가 있으면 좋겠습니다.

A. 그렇다면 이런 방법도 있습니다. 나보다 그 기업에 대해서 많은 정보를 가졌다고 보이는 투자자들의 판단을 눈여겨보는 겁니다.

예를 들어 기업이 자사주를 매입한다면 자사주 매입단가는 기업의 본질가치보다 낮을 가능성이 높습니다. 오너가 사적으로 자사주를 매입하는 것도 마찬가지입니다. 자사주를 그동안 꾸준히 매입하지 않다가 갑자기 하는 경우라면 더 믿을 만할 것 같습니다.

같은 업종의 기업이 최근에 인수되었다면 인수가액을 확인해보는 것도 좋습니다. 예를 들어 내가 1위 기업에 투자하고 있는데, 같은 업종의 2등이나 3등 기업이 1조 원 정도에 인수되었다면 내가 투자하는 기업도 적어도 1조 원 정도의 가치를 기대해 볼 수 있습니다.

투자하려고 하는 기업이 수출 위주의 기업이거나 다국적기업이라면 그 기업과 경쟁관계에 있는 해외의 경쟁사들의 시가총액도 좋은 참고가 될 수 있습니다.

마지막으로 가장 간단하지만 상당히 효과적인 방법이 시가총액과 매출액을 비교하는 것입니다. PSR_{price sales ratio, 주가매출배수}은 주로 적자기업의 가치평가에 많이 쓰이지만, 매출액이 기업의 규모를 대표한다는 측면에서 제조업의 가치평가에도 상당히 유용합니다.

내가 투자하는 기업의 매출액이 1조 원 정도라고 가정한다면, 시가총액이 1조 원을 넘어가려면 기업이 상당히 좋은 기업이어야 합니다. 서비스업의 경우 대체로 수익성이 제조업보다 훨씬 더 높습니다. 서비스업에서 매출액이 1조 원 정도라면 시가총액이 최소 2조 원 정도는 되어야 한다고 생각합니다.

물론 기업이 얼마를 버는지가 아니라 얼마나 규모 있는 기업인지를 기준으로 기업의 본질가치를 측정하는 것은 오류가 매우 많습니다. 하지만 가장 간단하게 본질가치를 가늠해볼 수 있다는 점에서는 매우 유용한 방법이 될 수 있습니다. 적어도 이조차도 안 하는 것보다는 훨씬 낫습니다.

Q 자사주 매입단가를 확인하는 것이 필요하다고 하셨는데, 자사주 매입이 아니라 매도에 대해서는 어떻게 생각하시나요?

A 자사주 매도의 경우는 이유가 매우 다양합니다. 매도단가를 보고 기업이 고평가되었다고 확신하기에는 다소 정보의 신뢰성이 떨어지는 것 같습니다.

특히 대주주가 아닌 임원이 자사주를 매도하는 경우는 거의 의미가 없다고 생각합니다. 간혹 상여금으로 자사주를 나눠주는 경우도 있는데, 이 경우도 중요하지 않다고 생각합니다.

자사주 매도를 심각하게 받아들이는 상황은 주가가 아주 단기간에 엄청나게 오른 경우, 정말 이 기업이 비싸졌다는 것을 확인하는 증거로서나 의미가 있는 것 같습니다.

Q 앞에서 체크리스트에 관해 이야기하면서 '최근 5년에서 10년 정도의 기간을 보았을 때 그 기업의 주가는 상승해 왔는가? 하락해 왔는가?'에 대해 언급하셨는데, 이것은 일종의 기술적 분석을 말하는 건가요?

A 기술적 분석과는 큰 상관이 없습니다. 3개월이나 1년 정도의 비교적 짧은 기간이 아니라, 5년에서 10년 정도의 긴 기간을 보게 되면 그 기업의 본질가치가 그간 상승해왔는지 아닌지를 대략적으로 가늠해볼 수 있습니다.

좀 더 쉽게 말하면 그 기업이 최근 10년간 적어도 조금이라도 좋아졌는지 또는 나빠졌는지를 가늠하는 가장 직관적인 방법이 10년 전에 비해서 현재의 주가가 충분히 많이 올랐는지의 여부라고 생각합니다.

Q 그렇다면 구체적으로 몇 배 정도 올랐으면 적당할까요? 10년이면 굉장히 긴 기간입니다. 최소한 이 정도는 올랐어야 된다는 기준이 있어야 할 것 같습니다.

A 대체로 10년 전에 비해서 2배 정도 올랐다면 다소 성장이 둔화된 기업으로 봅니다. 아주 나쁘다고 볼 정도는 아닌 것 같습니다. 3배 정도 올랐다면 아직은 성장할 여지가 남아 있다 봅니다. 대체로 가장 마음 편하게 투자할 수 있는 경우입니다.

하지만 오르지 않았거나 오히려 떨어졌다면 반드시 원인을 확인해야 합니다.

물론 경기민감주 중에서 하필 10년 전에 주가가 어떤 이유로든 엄청나게 비싸져서 수익률이 마이너스인 경우도 있을 것입니다. 이럴 때는 해당 기간의 전후를 살펴볼 필요가 있습니다.

확인하고자 하는 것은 실제로 기업가치가 떨어졌을 가능성입니다. 만약 실제로 기업의 가치가 장기간에 걸쳐 줄어들었다고 판단된다면, 그런 기업은 매우 조심해서 투자해야 합니다. 이전 10년 동안이나 제대로 못 하고 있던 기업이 앞으로 10년 동안에는 대단히 탁월한 결과를 내는 경우는 대단히 드물기 때문입니다.

Q 기업가치평가는 본질가치 또는 내재가치를 평가하는 것이라고 한다면, 본질가치나 내재가치가 없거나 매우 적은 자산이라고 하더라도 거래될 수 있을까요?

A 가능합니다. 사람이 가치를 부여하는 것은 매우 많고 그러한 모든 것은 거래대상이 될 수 있습니다.

다만, 본질가치를 추정하는 것이 매우 어려운 것들과 상대적으로 쉬운 것들로 분류할 수는 있습니다.

일단 쉬운 쪽을 꼽아본다면 자체적으로 현금흐름을 창출할 수 있는 자산들입니다. 부동산과 주식이 대표적인 예입니다. 오해하지 않아야 할 부분은 주식의 경우 현금배당과는 상관이 없습니다. 배당을 하나도 주지 않더라도 기업이 현금흐름을 창출할 수 있다면 충분히 가치평가가 가능합니다.

실제로 내 주머니에 현금이 들어올 필요는 없습니다. 예를 들어 지금은 임대를 주고 있지 않은 부동산이라고 하더라도 주변의 월세 시세를 대략적으로 보면 가치평가에는 문제가 없습니다.

현금흐름이 창출되지 않는 자산들 중 그나마 쉬운 쪽을 꼽아보자면 실제 사용가치가 있거나 오랜 시간 거래된 사례들이 충분히 많이 쌓여 있어 어느 정도 시세가 형성되어 있는 경우입니다. 예를 들어 미술품이라고 한다면 작가가 유명하고 작품의 수도 충분히 많아 거래된 횟수가 많은 경우가 비교적 측정하기 쉬운 경우일 것입니다.

원유와 같이 사용해 소모되는 자산들의 경우에도 가격의 변동성은 높을 수 있지만 평가할 수 있는 영역에 있는 것 같습니다. 수요와 공급, 그리고 해당 원자재를 이용해서 만들 수 있는 제품의 가격과 가격이 올라갔을 때 대체품이 없는지 등을 고려해보면 될 것 같습니다.

가장 어려운 영역은 특허나 브랜드, 상표와 같은 자산들입니다. 갖고 있다는 것 자체로는 돈을 벌 수 없고 다른 자산들과 비교하기도 매우 어렵습니다. 하지만 특허나 브랜드, 상표 등 지적재산권도 법률적으로 보호받고 있기 때문에 가치가 크든 적든 있는 것은 분명하다고 생각합니다.

Q. 그렇다면 암호화폐에 대해서는 어떻게 생각하시나요? 본질가치가 있다고 보시나요? 가치투자자도 암호화폐에 투자할 수 있을까요?

A. 상표나 브랜드로서의 가치는 있을 수 있습니다. 하지만 가치를 측정하는 것은 불가능하다고 생각하고, 지금의 거래되는 가격은 본질가치와는 별 상관이 없는 터무니없는 가격일 가능성이 높다고 생각합니다. 암호화폐의 본질가치를 측정할 수 있다고 생각한다면 투자할 수 있겠지만, 그게 과연 가능할지는 의문입니다.

▌▌▌━━━━━━━━━━━━━━━━━━━━━ 권 교수의 ZOOM IN ★★★

라면을 찬물에 넣어야 하나요, 끓는 물에 넣어야 하나요?

라면을 가장 맛있게 끓일 수 있다면, 그것은 매우 놀라운 능력입니다. 하지만 그렇다고 해서 라면가게를 차렸을 때 성공한다는 보장은 없습니다. 음식의 맛은 성공을 위한 여러 가지 요소 중에 하나이고, '가장 맛있는 라면'과 '그 다음으로 맛있는 라면'의 맛 차이는 생각보다 크지 않을 수도 있기 때문입니다.

기업의 본질가치를 평가하는 것도 마찬가지입니다. 본질가치를 정확히 알고 있다는 것이 반드시 투자에서 엄청난 성공을 의미하는 것은 아닐 수 있습니다.

예를 들어 두 명이 같이 옷을 사러 갔다고 해보겠습니다. 한 명은 옷에 대해서 천재적인 안목이 있어서 어떤 옷이든 보는 즉시 그 옷의 가격이 얼마인지 정확히 맞출 수 있습니다. 그리고 또 한 명은 그냥 그 옷이 싸구려인지 아닌지 정도만 구분할 수 있습니다.

이런 경우 당연히 전자가 더 훌륭한 결과를 낼 수 있을 겁니다. 하지만 정상적으로 작동하는 시장이라면 후자 정도의 보는 눈만 있어도 충분히 훌륭한 쇼핑을 즐길 수 있습니다.

10만 원에 파는 옷이 있다고 가정할 때 "이 옷은 15만 4,123원의 가치가 있다"라고 정확히 알아볼 수 있는 사람이나 "이 옷은 대충 10~20만 원 정도의 가격이면 적당한 것 같다" 정도로 알아볼 수 있는 사람이나, 둘 다 만족스러운 쇼핑을 할 수 있습니다. 또 그 결과는 같을 것입니다.

다시 주식시장으로 돌아가 보겠습니다. 어떤 주식의 가치를 10원 단위로 정확히 맞추는 것은 불가능합니다. 또 그렇게까지 맞추려고 애쓸 필요도 없습니다. '게으른 투자자'라면 안전마진을 정확히 계산해서 저평가된 기업을 찾는 것 이상으로, 누가 봐도 바가지를 의심해봐야 하는 가격의 주식들을 확실하게 피해나가는 것이 훨씬 수익률을 높이는데 도움이 될 수도 있습니다.

'안전마진'이라는 개념을 다시 한 번 생각해보겠습니다. 안전마진은 '내가 생각하는 기업의 본질가치'와 '시장이 제시하는 기업의 가격'에 차이가 있다는 가정에서 시작합니다. 문제는 내가 접할 수 있는 정보에는 명확한 한계가 있기 때문에, '내가 생각하는 기업의 가치'보다 '시장이 제시하는 기업의 가격'이 기업의 본질가치에 더 가까울 수 있습니다.

  기본적으로 안전마진은 내가 충분히 공부해 시장의 평균적인 시각보다 훨씬 정확히 기업의 가치를 알 수 있다는 가정 하에 만들어진 개념입니다. 만약 내가 시장의 평균적인 수준보다도 더 기업에 대해 모르고 있다면 안전마진을 적극적으로 활용한 투자는 오히려 위험할 수도 있습니다. 정말 극단적으로는 비싼 기업만 골라서 사고 싼 기업을 내다버리는 식의 투자를 하게 될지도 모르니까요.

다섯 번째 대화

투자 습관

손해를 봤다는 것이 팔아야 할 이유는 아니다

Q. 손절매를 하지 않으신다는데 그 이유가 궁금합니다. 많은 성공한 투자자들이 손절매가 매우 중요하다고 강조하는데, 달리 생각하는 이유가 있나요?

A. 정확하게 말하면 '손해를 봤다는 것이 팔아야 할 이유는 될 수 없다'가 정확할 것 같습니다. 투자에서 손실은 항상 있을 수 있고, 실제로 손실을 보고 파는 경우도 많습니다. 중요한 것은 파는 이유가 이미 손실을 보았기 때문이어서는 안 됩니다.

기준은 항상 현재 주가와 현재의 본질가치에 두어야 합니다. 지금 할 수 있는 최선의 의사결정을 하면 됩니다. 1,000원에 샀던 기업이 지금 다시 보니 500원짜리라고 판단된다면 지금 주가가 2,000원이든 700원이든 내가 할 최선의 결정은 무조건 파는 것입니다. 과거에 얼마에 샀는지가 지금의 합리적인 의사결정을 절대로 방해해서는 안 됩니다.

특히 가치투자자의 결정은 현재의 주가와 내가 생각하는 기업의 가치에 따라 이루어져야 합니다. 그 과정에서 과거의 매수가나 지금의 수익률이 끼어들 자리는 없습니다.

Q 그럼 손해를 본 종목들이 계좌에 수두룩하게 찍히게 될 수도 있습니다. 전형적인 '망한 계좌' 아닌가요? 무작정 기다리는 것이 가치투자는 아닐 것 같습니다.

A 그것은 손절매를 잘 못해서 생긴 문제가 아닙니다. 흔히 말하는 '사는 것마다 물리는 경우'입니다. 사는 것마다 물리고 있는데 조금 더 빨리 팔든 늦게 팔든 그게 과연 중요할까요?

그런 상황이 반복적으로 나타난다면 오히려 투자 실력 자체가 부족하다고 보는 게 맞을 겁니다.

특히 내가 사고 나서 기업의 주가뿐만 아니라 실적도 급격히 안 좋아진다면 과도하게 낙관적으로 기업의 미래를 보고 비싼 값에 사고 있을 가능성이 매우 높습니다. 아니면 경기민감주를 매번 가장 업황이 좋은 시점에 제일 비싼 가격을 주고 사는 경우일 수도 있습니다. 어느 쪽이든 간에 손절매가 문제는 아닙니다. 투자 실력이 부족하다고 봐야 합니다.

실력이 있는 투자자라고 하더라도 단기적으로는 손실이 날 수 있습니다. 장기적으로도 손실이 나는 투자가 열에 두셋 정도는 나올 수 있습니다. 그렇다고 해서 일정 이상 손실이 나는 종목을 무조건 팔아버리는 것은 꽃과 잡초를 같이 뽑아버리자는 것과 같습니다.

내가 틀렸다는 것을 인정하지 못해서 팔지 않는 것도 문제라고는 생각하지만, 답이 나올 때까지는 좀 진득하게 기다려줄 필요도 있습니다.

Q. 그렇다면 원금이나 수익금, 또는 실현이익이나 평가이익에 대해서도 차이가 없다고 보시는 건가요? '원금은 놔두고 수익금은 인출하라'든가 하는 말에 대해서는 어떻게 생각하시는지 궁금합니다.

A. 네. 아무런 차이가 없습니다. 같은 맥락에서 '팔지 않았으면 손실이 아니다'라는 말이나 '팔기 전에는 수익이 아니다'라는 말에도 동의하지 않습니다.

부동산의 경우는 세금이 워낙 크기 때문에 원금과 수익금을 구분해놓을 필요가 있습니다. 하지만 한국 주식에는 양도소득세가 거의 없기 때문에 구분할 필요가 전혀 없습니다. 계좌에 찍혀 있는 그 금액이 그냥 그 주식의 지금 가격이고 내 자산의 크기입니다. 더할 것도 덜할 것도 없습니다.

가끔 '보유자의 영역이다'라는 말씀을 하시는 분들도 있는데, 어느 정도는 수긍하는 점이 있지만 기본적으로는 동의하지 않습니다. 행동재무학에서는 '하우스머니 효과 house money effect' 또는 '심적회계 mental accounting'라고 말하는 현상입니다. 지금 이익을 내고 있든 손실을 내고 있든 가격이 본질가치보다 엄청 비싸다고 느끼면 무조건 팔아야 합니다. 이미 수익을 크게 봤다고 해서 손실을 좀 봐도 괜찮다고 생각하는 것은 인간의 본능에는 부합할지 모르지만 합리적인 판단은 아닙니다. 가치투자의 판단기준은 현재의 가격입니다. 과거의 매입가가 결코 아닙니다.

Q. 언뜻 이해가 가지 않습니다. 예를 들어 100만 원을 투자해서 200만 원이 되었다고 한다면 수익이 2배입니다. 그게 어떻게 중요하지 않을 수가 있나요?

A. 예를 좀 더 극단적으로 들어보겠습니다. 같은 주식 A에 대해서 B씨는 10만 원을 투자했는데 지금 100만 원이 되었습니다. 10배입니다. C씨는 200만 원을 투자했는데 반토막이 났습니다. 그래서 100만 원입니다. B씨가 해야 할 행동과 C씨가 해야 할 최선의 행동은 같을까요? 다를까요?

문제를 조금 바꿔서, 만약 제가 투자전문가라고 한다면 B씨와 C씨에게 해줘야 할 최선의 조언은 같을까요? 다를까요?

결국 답은 '앞으로 더 오를 것 같으냐?'가 기준이 되어야 합니다. 가치투자자의 입장에서는 본질가치보다 충분히 싼가의 문제가 될 것입니다. 지금도 싸다고 생각하면 갖고 있으라고 할 것이고, 터무니없이 비싸다고 생각되면 팔라고 해야 하는 겁니다. 과거의 매수를 얼마에 했든 간에 지금 해야 할 최선의 조언은 정확히 같습니다.

Q. 원금이 얼마였든, 지금 이익이든 손실이든 그런 것과는 상관이 없다는 건가요?

A. 원금과 수익금에 대해서 관심이 있거나 의미를 찾는 사람은 세상에 나밖에 없습니다. 내가 얼마를 투자했든 간에 주식시장은 관심이 절대로 없습니다. 얼마를 벌었는지와 얼마를 잃었는지, 얼마나 오래 보유했는지에 대해서도 관심이 없습니다. 100년 전에 10원에 샀든 어제 10만 원에 샀든 나는 내가 갖고 있는 주식수와 현재의 가격을 곱한 만큼의 재산을 갖고 있을 뿐입니다.

얼마에 샀든 며칠을 보유했든 그런 것은 전혀 중요한 것이 아닙니다. 현재 상황에서 최선의 결정을 하면 됩니다.

저는 지금껏 시장을 정확히 예측할 수 있는 사람을
한 번도 본 적이 없습니다.

― 워런 버핏

Q. 그럼 평균단가에도 관심이 없다는 말씀이신가요? 평균단가를 관리한다든가, 맞춘다든가 하는 문제에 대해서도 관심이 전혀 없으신지 궁금합니다.

A. 네. 주식의 평균단가는 그동안 그 기업에 대한 서로 다른 의사결정들이 무작위로 묶인 결과일 뿐입니다. 얼마에 샀든 언제 샀든 팔아야 하면 무조건 팔고 더 사야 하면 무조건 사야 합니다.

기간을 충분히 늘려보면 좀 더 쉽게 이해할 수 있습니다. 예를 들어 삼성전자를 10년 전에 1만 원에 산 적이 있다고 해서, 그것이 삼성전자를 지금 5만 원에 사지 못할 이유가 되어서는 안 됩니다. 반대로 과거에 10만 원에 산 적이 있다고 해서 지금 5만 원에 사지 못할 이유도 없습니다.

잘 된 결정이든 잘못된 결정이든 과거의 결정은 과거의 결정일 뿐입니다. 과거의 결정이 지금 올바른 결정을 하는데 방해가 되어서는 절대 안 됩니다.

성공을 했든 실패를 했든, 손실을 보았든 이득을 보았든 마찬가지입니다. 같은 주식에 대해 투자 결정을 하더라도 그 결과는 독립적이며, 평가 또한 독립적으로 해야 합니다. 같은 주식에 대해서 어떤 가격에는 최선의 결정이 어떤 가격에는 최악의 결정이 되는 경우는 매우 흔합니다.

Q. 같은 주식에 대해서 어떤 가격에는 최선의 결정이 어떤 가격에는 최악의 결정이 되는 상황은 어떨 때 발생하는 건가요? 매일 주가가 오르거나 내리기 때문에 그런 건가요?

A. 네. 예를 들어 코카콜라 캔 하나를 어제 5,000원을 주고 샀다면 이건 최악의 결정이 될 수 있지만, 오늘 코카콜라 캔 하나가 100원에 팔린다면 이것을 지금 사는 것은 대단히 멋진 투자가 될 수 있습니다. 결과적으로는 코카콜라 한 캔을 2,550원에 산 게 됩니다.

실제로 코카콜라 캔 하나의 가치가 2,000원 정도 된다고 가정해 보겠습니다. 그렇다면 종합적으로 봤을 때는 마치 내가 조금 잘못된 선택을 한 것처럼 보이지만, 실상은 어제 한 최악의 선택과 오늘 한 최고의 선택이 우연히 같은 기업에 겹쳐져서 조금 잘못된 선택을 한 결과처럼 보이고 있는 것뿐입니다.

주식으로 돌아가 보면 A기업의 주식이 그저께 100만 원에서 어제 150만 원이 되었다가 다시 오늘 100만 원이 되었다면, 이는 '50만 원을 벌었다'라는 한 가지 긍정적인 사건과 '50만 원을 잃었다'라는 한 가지 부정적인 사건이 결합된 결과입니다. 내가 투자한 원금이 얼마이든 간에 내가 해야 하는 최선의 선택은 바뀌지 않습니다. 얼마의 수익을 보았는지도 마찬가지로 생각할 필요가 없습니다.

오히려 투자자가 합리적인 투자판단을 하는데 원금과 수익금을 구분해놓는 것은 심각한 방해가 될 수 있다고 생각합니다.

Q. 말씀대로라면 싸게 사려고 애쓰는 것이 맞지 않나요?

A. 주가를 예측할 수 있다면 당연히 그렇게 하겠는데, 주가가 예측이 안 되니 그럴 수가 없는 것입니다. 주가는 그냥 매일 주어지는 값이라고 본다면, 제가 할 수 있는 최선은 지금 가격이 괜찮은 값인지를 판단을 할 수 있을 뿐입니다.

예를 들어 스타벅스에 갔는데 어제는 5,000원이었던 아메리카노가 오늘은 1,000원이라고 한다면 어제는 사먹지 않았어도 오늘은 기꺼이 사먹을 수 있습니다.

하지만 내일 또 스타벅스가 1,000원에 팔지, 아니면 더 가격을 내려 500원에 팔지는 내가 결정할 수도 알 수도 없습니다. 그러니 오늘은 참고 내일 두 잔을 마시는 것이 더 나을 수도 있지만, 그것을 오늘 미리 알 방법은 없습니다.

Q. 그럼 '주식은 팔아야 돈'이라는 말도 잘못되었고, '원금은 놔두고 수익금은 인출하라'든가 하는 말도 잘못된 말인가요?

A. 네. 정확합니다. 다시 말씀드리지만 주식에 투자하는 대부분의 개인투자자에게는 양도소득세가 없습니다. 원금과 수익금을 구분할 필요가 없는 이유입니다. 주식을 파는데 드는 비용도 매우 적습니다. 상장주식을 기준으로 지금 내가 갖고 있는 주식의 가격이 초 단위로 정확하게 나오고, 대부분의 경우 그 가격에 상당히 근접한 가격에 팔 수 있습니다.

부동산시장의 경우 개별성이 크고 양도소득세가 무거우며 개인별로 상황별로 세율이 대단히 큰 차이가 납니다. 이 경우에는 '팔아야 돈이다'라는 말이 맞습니다. 이 경우에는 평가이익을 믿으면 안 됩니다. 실제 투자가 종료된 이후에 매 건에 대해서 금액을 계산하는 것이 더 정확할 수 있습니다.

하지만 주식시장에서는 아닙니다. 지금 이 시점에서 총잔고에 찍혀 있는 금액이 그대로 내 재산이라고 생각해도 전혀 문제가 없습니다.

Q. 종합하면, 원금과 수익금도 구분하지 않으시고, 이익을 실현하는 것도 의미가 없다? 이게 맞는 건가요? 실제로 그렇게 하고 계신 건가요?

A. 정확합니다. 저는 제 원금이 얼마였는지에 대해서 전혀 관심이 없습니다. 주식을 파는 이유도 이익을 실현하기 위해서가 아니라 지금의 주가가 비싸다고 생각하기 때문입니다.

사실은 그 주식을 과거에 얼마에 샀는지도 별로 관심이 없습니다. 과거에 얼마에 샀든 지금 봐서 팔아야 하면 팔아야 하고, 더 사야 하면 더 사야 합니다.

원금을 회복해야 한다거나 원금과 수익금을 구분한다거나 하지도 않습니다. 개별적인 주식 단위에서도 그렇고 포트폴리오 전체로 보아도 마찬가지입니다. 그 누구든 간에 원금이 얼마였든 그 사람의 자산은 그냥 계좌에 찍혀 있는 그 금액입니다.

주가가 떨어진 경우뿐 아니라 많이 올라서 수익이 이미 많이 났으니 이제 좀 떨어져도 괜찮다거나, 원금은 회수를 했으니 수익금은 놔두어도 좋다라는 식의 주장 또한 합리적인 투자 습관이라고는 생각하지 않습니다.

첨언하면, 투자를 오래하다 보면 과거에 싸게 샀던 기업을 지금 비싸게 사야 하는 경우가 아주 자주 있습니다. 평균단가가 올라가게 되겠지만 그건 절대 실수가 아닙니다.

그동안 기업의 가치가 그 이상으로 크게 올라갔을 수 있습니다.

과거에 얼마에 샀든 간에 지금 사야 하면 사는 것이지, 그게 평균단가를 얼마로 바꾸든 그것은 결과에 불과합니다.

예를 들어 삼성전자를 3년 전에 3만 원에 샀던 사람이 지금 6만 원에 산다고 해서 잘못된 의사결정은 아닙니다. 지금 6만 원에 사는 것이 답이면 사는 게 답입니다. 물론 반대 경우도 마찬가지입니다. 과거에 3만 원에 샀던 기업이 지금은 1만 원이라 하더라도 사지 않는 것이 정답일 수도 있습니다.

평생 어느 정도의 부를 쌓을지는
얼마를 버는지가 아니라 어떻게 투자하느냐에 달렸다.

― 워런 버핏

Q. 예전에 3만 원에 샀던 것을 지금 1만 원에도 사지 않아야 할 이유는 무엇인가요? 주가가 그렇게 크게 떨어졌다면 더 사야 하지 않나요?

A. 이런 경우는 내가 투자한 이후에 기업가치가 크게 떨어져서 1만 원보다도 못한 상황인 때입니다. 그렇게 된 이유는 처음에 가치평가를 잘못했을 수도 있고, 갑작스러운 사고나 외부적인 요인 때문일 수도 있습니다. 어떤 이유에서든 간에 본질가치가 1만 원도 안 된다고 판단하는 즉시 팔아야 합니다. 좀 더 정확하게는 주식을 보유하고 있다면 즉시 팔아야 하고, 절대로 더 사서는 안 됩니다.

물론 더 높은 확률로 과거에 3만 원에 샀던 것은 잘못된 결정이었을 가능성이 있습니다. 하지만 과거의 결정이 어떻든 간에 지금은 지금 할 수 있는 최선의 결정을 해야 합니다. 누구든 과거에 내가 한 결정이 끔찍한 결정일 때는 있습니다. 그것은 이미 지나간 일입니다. 오히려 과거의 잘못된 결정의 결과가 지금의 결정까지 잘못되게 뒤틀어버린다면 그게 훨씬 더 위험합니다.

훌륭한 결정도 다르지 않습니다. 과거의 훌륭한 결정이 지금의 결정을 잘못되게 만든다면 그것도 매우 위험합니다. 이런 상황은 앞서 언급한 것과 같이 과거에 싼 값에 샀던 기억 때문에 지금 더 사는 것을 주저하는 형태로 가장 많이 나타납니다. 하지만 주가가 10배가 올랐다고 하더라도 기업가치가 20배쯤 올랐다 판단된다면 더 사는 것이 정답입니다.

Q 그럼 물타기(이미 갖고 있는 주식의 가격이 더 떨어졌을 때 더 사는 것)나 불타기(이미 갖고 있는 주식의 가격이 더 올랐을 때 더 사는 것)에 대해서는 어떻게 생각하시나요?

A 이것도 많이 받아본 질문입니다. 저한테는 물타기든 불타기든 차이가 없습니다.

지금 갖고 있는 기업이 주가가 크게 올랐다고 하더라도 싸다고 생각되면 더 사야 합니다. 반대로 크게 떨어졌다고 생각하더라도 싸다고 생각하면 더 사야 합니다. 결론은 주가가 올랐든 떨어졌든, 그 주식을 과거에 보유했든 그렇지 않든 간에 아무튼 지금 보기에 가격이 가치보다 싼지가 거의 유일한 기준이라고 보면 될 것 같습니다.

다만 경험적으로 볼 때, 초보자 쪽으로 갈수록 물타기를 좀 경계하고 불타기를 할 때 좀 더 머뭇거리지 않아야 할 것 같습니다. 초보자의 경우 시장의 평가가 나의 평가보다 맞을 확률이 좀 더 높습니다. 그리고 주가의 장기적이고 지속적인 상승은 해당 기업이 좋은 기업일 확률이 높다는 하나의 신호이기도 합니다.

따라서 굳이 둘 중 하나만을 택해야 한다면 불타기를 추천할 것 같지만, 본질적으로는 두 가지를 굳이 구분해야 할 필요성은 없다고 생각합니다.

Q. 물타기든 불타기든 둘을 딱히 구분할 필요는 없지만, 반드시 둘 중 하나만을 골라야 한다면 불타기를 선택하겠다고 요약하면 될까요?

A. 네. 초보자가 많이 하는 실수가 주가가 크게 떨어진 기업을 저평가되었다, 혹은 싸다고 인식하는 것인데 실제로는 그렇지 않은 경우가 많습니다. 초보자라면 주가가 최근에 크게 떨어진 기업보다는 오히려 꾸준히 오른 기업을 택하는 것이 조금 더 낫습니다.

주가가 크게 떨어졌다는 것은 이유가 있는 경우가 흔합니다. 왜 떨어졌는지 그 이유를 판단하는 것, 그리고 앞으로 그 문제가 언제 어떻게 해결되어 주가가 다시 오를 것인지를 판단하는 것은 이미 초보자의 영역을 넘어선다고 생각합니다.

물론 지금 언급하는 '꾸준함'의 기준은 3개월이나 1년 정도의 짧은 기간이 아니라, 3년, 5년, 10년 이런 식으로 충분히 길게 보았을 때 주가가 꾸준히 오른 모양이 눈에 보일 정도임을 의미합니다.

과거 장기간의 주가 흐름은 비유하자면 초등학교와 중학교 내신 성적과 같습니다. 이것만 갖고 앞으로도 공부를 잘할지를 섣불리 예측하는 것은 매우 위험하지만, 앞으로 어떤 일이 있을지 가늠해 볼 정도의 의미는 있다고 생각합니다.

그리고 아마 5년, 10년 주가가 꾸준히 오른 기업이 어디 흔히 있겠나 싶으시겠지만, 실제로는 대형주든 소형주든 어느 정도 역사가 길고 이름이 알려진 기업들 중에서는 꽤 자주 보이는 패턴입니다.

Q. 그렇다면 교체매매에 대한 의견도 궁금합니다.

A. 교체매매는 마치 물물교환을 하는 것과 같다고 봅니다. 내가 자동차를 사겠다고 했을 때 초코파이 몇 상자와 바꿔야 할까요? 우리가 초코파이와 자동차의 가격을 대략 알고 있기 때문에 대략 어느 정도일지 말할 수 있겠지만, 만약 가격에 대해서 전혀 모르고 있다면 굉장히 어려운 질문이 될 것입니다.

특히 교체매매는 빈번한 매매를 유도한다는 점에서 또 다른 위험이 있습니다. 잦은 매매가 좋지 않은 결과를 낼 수 있음은 이미 충분히 알려진 사실입니다.

투자자는 많은 경우 지금 갖고 있는 주식보다 더 나은 주식을 찾을 수 있다는 과도한 자신감을 갖게 됩니다. 하지만 비슷한 실력을 가진 투자자가 비슷한 시점에 갖는 기회는 실제로는 우열을 가리기 힘든 경우도 많습니다.

'A주식을 팔아서 B주식을 사야 하는가?'라는 질문보다는 'A주식을 꼭 팔아야 하는가?', 그리고 'B주식을 꼭 사야만 하는가?'의 두 개의 질문에 각각 답변하는 것이 훨씬 쉽습니다.

만약 정말로 그래야만 하는 상황이라면 앞의 질문이든 뒤의 두 개의 질문이든 같은 결과가 나올 것입니다. 하지만 대부분의 상황에서 두 질문에 대한 답과 그에 따른 행동은 상당히 다른 결과가 나올 수 있습니다.

Q. 이번 장에서는 투자 습관에 대해 이야기를 나누고 있는데, 그럼 잘못된 투자 습관을 구체적으로 꼽는다면 어떤 것이 있을까요? 또 이런 잘못은 어떻게 고치면 될까요?

A. 일단 그동안의 경험으로 볼 때 일반적인 개인투자자의 경우 크게 두 가지의 문제가 있습니다.

첫 번째는 너무 빨리 판다는 것입니다. 다르게는 매매가 지나치게 잦다고 볼 수도 있습니다. 두 번째는 가치에 대한 기준이 없다는 점입니다.

문제가 두 가지이니 해결책도 각각에 대해서 제시할 필요가 있습니다.

첫 번째를 해결하기 위한 가장 간단한 방법은 무작정 팔지 않고 버티는 경험을 한 번이라도 해보는 것입니다. 오래 물려있으라는 뜻이 아닙니다. 이익을 내든 손해를 내든 의식적으로 오래 갖고 있을 각오를 하고 사서 기다릴 필요가 있다는 의미입니다. 이런 식으로 몇 번이라도 길게 투자해본 경험이 있는 분들은 오래 투자하는 것을 두려워하지 않습니다.

적은 금액이라도 좋으니 길게 버텨보는 경험은 억지로라도 쌓아볼 가치가 있습니다. 최소한 주식을 오래 갖고 있는 것을 무서워하지 않을 정도로는 버텨봐야 합니다. 국내주식이 못 미덥다면 해외주식도 좋습니다. 해외주식의 경우 매매가 불편하기 때문에 오래 버티기는 더 편할 수도 있습니다.

요점은 '주식을 오래 보유해서 큰 수익을 내는 경험을 단 한 번이라도 해보는 것'이 앞으로의 투자 습관을 정하는 데 있어 아주 중요하다고 생각합니다.

두 번째는 투자를 하는 시점에 내가 생각하는 가치를 미리 적어 두는 습관을 들이는 것입니다. 처음에는 대충 적어도 좋습니다. 예를 들어 2,000억 원, 3조 원 이런 식으로만 적어 놓아도 충분합니다. 중요한 것은 적어 둔다는 것 자체입니다. 일단 가격과는 상관없이 내가 생각하는 그 기업의 현재 가치를 적어 놓고 그 가치에 근거해서 결정하는 습관을 들일 필요가 있습니다.

그리고 이런 식으로 가치에 근거해서만 결정을 하게 되면 자연스럽게 매매를 자주 하지 않게 되는 부수적인 효과도 있습니다.

권 교수의 ZOOM IN ★★★

'교체매매'가 어려운 이유

여기 두 명의 학생 A와 B가 있습니다. 한 학생은 매우 꼼꼼하고 성실하고 필기도 열심입니다. 다른 학생은 굉장히 똑똑하고 질문도 적극적으로 하고 통찰력도 엿보입니다. 아마 두 학생 모두 좋은 성적을 받을 것 같습니다. 하지만 두 학생 중에서 누가 더 좋은 성적을 받을지를 예상하는 것은 대단히 힘든 문제입니다. 말하자면 다음과 같습니다.

"A는 좋은 점수를 받을까요?"라는 질문에 대해서는 "그럴 것 같다"라고 쉽게 답할 수 있습니다. "그렇다면 B는 좋은 점수를 받을까요?"라는 질문에 대해서도 "그럴 것 같은데요"라고 쉽게 답변할 수 있습니다. 하지만 "A와 B 중에서 누가 더 좋은 점수를 받을까요?"라는 질문에 대해서는 쉽게 답하기 힘듭니다.

시험이 객관식일지 주관식일지, 아니면 과목 특성이 어떨지, 교수의 평가 성향이 어떻게 될지 등등 상황에 따라 언제든지 뒤집힐 수 있는 문제이니까요. 상대평가가 절대평가보다 힘든 이유가 바로 이것입니다.

주식에서도 마찬가지의 원리가 적용됩니다. 예를 들어서 A는 반도체 장비 회사입니다. 재무구조가 매우 좋고 CEO도 매우 통찰력이 있습니다. B는 음료수 회사입니다. 재무구조는 다소 좋지 않지만 부동산 자산이 풍부하고 최근 나온 신제품들이 하나같이 좋은 결과를 내고 있습니다. 이런 상황에서, "A에 투자해야 합니까?"라는 질문에 답하기 위해서는 A의 주가와 A의 본질가치만을 비교하면 됩니다. 하지만 "A를 팔아서 B에 투자해야 할까요?"라는 질문에 답하는 것은 대단히 힘든 일입니다.

투자자는 항상 질문을 간소하게 만들 필요가 있습니다. 그것을 위해 생각해볼 수 있는 한 가지 좋은 습관을 소개하면, 'A를 팔아서 B를 사겠다'는 생각을 아예 하지 않는 것입니다.

'A를 판다'라는 결정은 A가 비싸기 때문에 하는 것이지 B를 사기 위해서 하는 것은 아닙니다. 'B를 산다'라는 결정 또한 마찬가지입니다. A를 팔았기 때문에 B를 사는 것이 아니라, B가 싸기 때문에 B를 사는 것입니다.

그렇다면 B가 싸다고 생각하는데, 지금 돈이 없다면 어떻게 하면 될까요?

  추천하는 최선의 방법은, 내가 갖고 있는 기업들 중에서 어떤 비싼 A가 나올 때까지 그저 기다리는 것입니다. 그동안 B는 더 비싸질 수도 있고 더 싸질 수도 있습니다. 하지만 아직 포트폴리오에 충분히 비싼 것이 하나도 보이지 않는다는 것은 아마도 억지로 무엇인가를 팔고 B를 산다고 해서 더 얻을 수 있는 이득이 그렇게 많지 않을 수도 있다는 의미일 것입니다.

  따라서 그냥 나올 때까지 기다리는 것 또한 하나의 좋은 방법이 될 수 있을 것입니다.

여섯 번째 대화

탐욕과 분산투자 그리고 기대수익률

절제하고 또 절제하라

Q 혹시 '투자에 인문학적 소양이 필요하다'는 말을 들어보셨는지 궁금합니다. 예를 들어 역사라든가 고전이라든가 하는 부문에 관심이 있으신지 그리고 인문학적 소양이 투자에 실제로 긍정적인 영향을 미칠 수 있는지에 대한 의견이 궁금합니다.

A 네. 여러 번 들어봤습니다. 역사는 반복되기 때문에 분명 알면 좋은 부분은 있습니다. 투자에 있어서 필요하지 않은 지식은 없다고 생각합니다.

하지만 중요한 것은 가성비를 따져봐야 합니다. 왜 인문학적 소양이 필요하다고 강조하는지를 생각해보면 좀 더 쉬운 대체재를 찾을 수 있다 생각합니다.

많은 투자대가들이 인문학적 소양을 강조하는 것은 결국 탐욕을 경계하기 위함입니다. 정확하게 말하자면 돈에 대한 지나친 욕심이 투자에 대한 올바른 의사결정을 방해하는 것이 문제입니다.

다만 이 문제는 꼭 인문학적 소양을 쌓아 욕심을 절제하는 것이 아니라, 냉정한 이성을 통해서도 충분히 극복될 수 있습니다. 그리고 탐욕의 수준 자체를 줄이는 것에 비해서 감성적인 판단을 적절히 절제하고 이성적인 결정을 내리도록 하는 것은 훈련을 통해 습득하기도 상대적으로 훨씬 쉽습니다.

Q 인문학적 소양은 크게 필요하지 않다는 말로도 들립니다.
A 탐욕을 어느 정도 이성적으로 통제하기만 하면 충분합니다.

훨씬 더 쉽게 거의 같은 결과를 얻을 수 있습니다. 어떤 식으로 억제할지는 개인마다 차이가 있지만, 제 경우에는 장중에 매매를 하지 않고 예약매매만 하는 것만으로도 상당한 효과를 보고 있습니다. 한 번에 사는 액수를 제한한다든가 매매횟수를 제한하는 것도 좋은 방법이라고 생각합니다.

아마 수치적으로는 회전율과 매매횟수는 상당히 줄어들고 평균적인 보유기간은 늘어나는 모양으로 나타나게 될 겁니다.

Q 그렇다면 구체적으로 탐욕 때문에 나올 수 있는 실수는 어떤 것이 있을까요?

A 많은 사람들이 다단계나 사기에 속는 이유를 생각해보면 될 것 같습니다. 다단계나 사기 사례들을 보면 제3자의 입장에서는 어처구니가 없는 경우들이 대부분입니다.

예를 들어 지금 100만 원을 투자하면 매달 10만 원씩 평생을 주겠다는 식입니다. 상식적으로 가능하지 않은 내용이지만 계좌에 매달 10만 원씩 세 번만 꽂혀도 가진 돈을 터는 것이 탐욕의 무서움입니다.

이를 해결하는 첫 번째 방법은 스스로의 소양을 쌓아 과도한 탐욕을 경계하는 것입니다. 정석적이지만 주식투자자에게 가장 기대하기 어려운 방법이라고 생각합니다.

두 번째 방법은 냉정하게 상황을 보고 판단하는 훈련을 쌓는 것입니다. 이때 가장 먼저 할 것은 과거의 주가나 구매가를 확실하게 잊는 것입니다.

예를 들어 내가 갖고 있는 주식이 내가 생각하기에 100만 원의 가치를 갖고 있어서 50만 원에 매수했는데, 갑자기 크게 올라서 130만 원이 되었다고 생각해보겠습니다. 실제로 이런 상황이 생겼을 때, 150만 원이나 200만 원이 될 것이라는 기대감에 팔지 않는 것은 분명 '실수'입니다. 또 80만 원이라는 수익이 났기 때문에 팔아야 한다는 것도 '실수'입니다. 80만 원까지는 원금이 아니고 수익금이니까 잃어도 좋다 생각하는 것 역시 '실수'입니다.

중요한 것은 지금 그 기업의 가치가 대체 얼마쯤이냐는 것입니다. 지금 그 기업의 가치가 200만 원이라 생각하면 주가가 크게 올랐지만 팔아서는 안 됩니다. 이성적 판단의 결과입니다. 지금 그 가치가 여전히 100만 원이라 생각하면 팔 수 있습니다. 이 또한 이성적인 판단입니다.

중요한 것은 지금 130만 원이라는 이 가격이 지금의 가치와 비교해서 충분히 싼지 비싼지를 객관적으로 판정하는 것입니다.

투자자가 개인적으로 탐욕스러울 수는 있습니다. 하지만 투자 의사결정에서만큼은 탐욕을 배제한 결정을 내리는 것이 중요합니다. 이것이 투자에 있어서 성공한 많은 투자자들이 마음가짐을 강조하는 진짜 이유가 아닌가 생각합니다.

Q. 탐욕 때문에 비이성적인, 그러니까 잘못된 판단을 하는 것이 문제다?

A 투자에 대한 결정을 할 때만큼은 탐욕을 억제할 수 있어야 합니다. 개인의 성향이나 상황과는 상관없이 주식시장에서 투자를 할 때만큼은 지금 해야만 하는 최선의 합리적인 결정을 해야만 합니다.

Q. '탐욕이 문제다'라는 것은 알겠는데, 구체적으로 어떤 경우 투자자가 탐욕에 휩쓸리게 될까요?

A. 가장 위험한 상황은, 연속해서 우연히 성공할 때가 아닌가 싶습니다. 크게 성공했을 때도 물론 위험하지만 작게라도 연속적으로 성공했을 때가 훨씬 더 위험하지 않을까 생각합니다.

행동재무학에서는 '클러스터링 착각clustering illusion'이라고 표현하는 개념입니다. 예를 들어 가위바위보를 열 번 연속으로 이기거나, 가위바위보를 열 번 연속으로 패하면 어떤 생각을 하게 될까요? 전자라면 내가 가위바위보의 천재라고 착각하기 쉽고, 후자라면 내가 운이 정말 없다고 생각하거나 또는 가위바위보에는 내가 정말 재능이 없다고 착각하기 쉬울 것입니다.

이성적으로 생각하면 그냥 우연히 나타날 수 있는 사건이 우연히 일어난 것뿐입니다. 특히 작은 돈으로 여러 번 성공하다 보면, 큰돈을 투자하면 훨씬 더 좋은 성과를 낼 수 있을 거라 착각하기 쉽습니다.

실제로는 여러 번의 성공이 단지 운이었을 수도 있습니다. 가위바위보에서 다섯 번이나 여섯 번 연속으로 이기거나 지는 건 특별한 재능이 없어도 충분히 가능합니다. 투자 초반인 경우에는 더욱 그렇고, 주가지수가 전반적으로 좋았던 상황일 경우 더더욱 그렇습니다.

결과적으로 큰 돈을 투자했을 때 정말 크게 잃는 상황이 나오게 되는 가장 전형적인 메커니즘이라고 생각합니다.

Q. 이 대목에서 탐욕을 피할 수 있는 방법을 하나 구체적으로 제시해주시는 것도 좋을 것 같습니다.

A. 분산투자를 해야 합니다. 통상 대폭락이라고 하는 시점들에서도 종합주가지수 하락폭은 대략 30~40% 정도입니다. 그런데 주식시장에는 그보다 훨씬 더 큰 손실을 본 사람들이 엄청나게 많습니다. 외부적인 요인에서 가장 큰 것은 과도한 레버리지의 사용이겠지만, 그다음으로 중요한 이유가 분산투자의 원칙을 무시했기 때문입니다.

어차피 같은 시점에 같은 실력으로 찾을 수 있는 투자 아이디어는 기본적으로 비슷비슷합니다. 아무리 좋은 아이디어같이 보이더라도, 실제로 시간을 조금만 더 들이면 비슷하거나 더 좋아 보이는 아이디어를 찾을 수 있는 경우가 허다합니다.

투자 초보일 때만 그런 것이 아닙니다. 앞으로 경험 많은 투자자가 된다 하더라도 100%의 확신을 갖는 건 반드시 경계해야 한다고 생각합니다.

100%의 확신이 든다고 하더라도 50% 정도만 투자하면 충분합니다. 150%의 확신이 들면 70% 정도의 투자면 충분할 것 같습니다.

다시 말씀드리지만 아무리 멋진 투자 아이디어라고 하더라도 그만큼 멋진 투자 아이디어는 반드시 또 찾을 수 있습니다. 그리고 지금 조금 덜 벌더라도 앞으로 더 많이 벌면 됩니다.

그리고 실제로 1등 투자 아이디어와 2등 투자 아이디어의 차이는 매우 작을 수 있고, 결과가 꼭 1등, 2등의 순서로 나오지도 않습니다. 그리고 1등과 2등이 있다면 그 중간인 반반을 취할 수 있다는 것은 주식투자가 갖는 굉장히 큰 장점이기도 합니다.

투자자들은 지금까지
수익성이 좋은 것을 '수익성'과 동의어로 보고
경기 호황을 '안전'과 동의어로 보는 실수를 저지른다.

— 벤저민 그레이엄

Q. 그렇다면 돈이 얼마 없어도 분산투자를 해야 할까요? 금액이 적으면 집중투자를 해서 빨리 돈을 불려야 하지 않을까요?

A. 반대로 생각해보면 돈이 많으면 분산투자를 꼭 해야 하는 걸까요? 오히려 돈이 많으면 좀 잃어도 괜찮으니 더 공격적으로 투자해도 되지 않을까요?

수익률하고 위험은 같이 갑니다. 왜 돈이 없는 사람에게 더 큰 위험을 지라고 강조하는지 이해가 되지 않습니다. 예를 들어 1,000억 원이 있으면 반토막이 나도 500억 원입니다. 이런 사람들은 분산투자가 필요 없는 것 아닌가요?

투자에서 목표가 되어야 할 것은 내가 갖고 있는 돈이 얼마든 기대수익률은 높이고 위험을 줄이는 것입니다. 수익금은 그냥 수익률에 내가 투자한 금액을 곱하기를 하면 나오는 숫자일 뿐입니다.

그리고 분산투자는 초보자들에게 있어서 위험을 줄이는 가장 효과적인 방법입니다. 돈이 얼마 없다면 오히려 분산투자를 더 해야 합니다. 집중투자를 하면 위로 뛰든 아래로 뛰든 간에 크게 뛰기는 뛸 테니 변동성은 올라갑니다. 하지만 집중투자만 하면 수익률이 확 올라갈 것이라는 생각은 그저 착각에 불과합니다.

Q. 워런 버핏의 단짝인 찰리 멍거Charles Munger의 발언 중에 '5개 이상에 분산투자를 하는 것을 추천하지 않는다'는 말이 있던 것으로 알고 있습니다.

A. 찰리 멍거의 판단과 일반적인 투자자의 판단을 같은 선상에 놓을 수는 없습니다. 투자대가인 찰리 멍거는 집중투자를 하든 분산투자를 하든 어떤 투자 방법을 쓰더라도 돈을 벌 수 있을 것입니다. 찰리 멍거 수준의 투자자라면 오히려 집중투자가 좋은 선택일 수 있습니다.

문제는 대부분의 투자자는 찰리 멍거만큼의 정보를 갖고 있지도 않고, 인내심도 갖고 있지 않으며, 결정적으로 실력이 모자랍니다. 구체적인 숫자를 세어보기는 힘들지만 개인투자자 열 명 중 여섯 명에게는 분산투자는 필수이고, 세 명 정도에게는 선택이며, 나머지 한 명 정도만이 분산을 하든 집중을 하든 알아서 잘 해나갈 수 있을 실력자라고 생각합니다.

고수가 집중을 하는 것은 선택이지만 하수가 집중을 하면 그것은 자만이나 만용이 되기 쉽습니다.

개인투자자는 기본적으로 기업에 대해 관찰자의 위치에 있습니다. 기업의 의사결정에 직접 개입할 수도 없습니다. 관찰자가 어떤 기업에 대해 집중투자를 한다는 것은 본질적으로 굉장히 위험합니다. 일단 판단을 위한 정보의 양이나 질에서 내부자에 비해 많이 떨어지는 상태이기 때문입니다.

정상적인 기업도 뜬금없이 망하거나 위험에 처하는 경우는 생각보다 훨씬 더 많습니다.

Q. 그럼 적당한 분산의 개수는 어느 정도일까요? 지나치게 많은 주식들을 백화점 같이 가져가는 것은 적절치 않을 것 같습니다. 비중은 어떻게 관리해야 할까요?

A 분산의 효과는 개수에 비례하지 않습니다. 분산투자가 가장 효과적인 상황은 1개에 100%인 경우에서 2개에 각각 50%씩 투자하는 경우로 변화하는 경우입니다. 1개에 집중투자하는지, 2개에 반반 나누었는지, 3개에 3분의 1씩 투자하는지의 격차가 가장 강한 효과를 가져옵니다.

그 이상으로 넘어갈 때는 한 개나 몇 개의 차이는 거의 없습니다. 비중이 균등하다고 한다면 적어도 세 개 이상은 되어야 한다고 생각합니다.

다만 10개에 분산하는 경우와 30개에 분산하는 경우는 실질적으로 거의 차이가 없을 것 같습니다.

투자하는 주식의 수는 크게 중요하지 않습니다. 비중이 어떻게 나뉘져 있는지가 훨씬 중요합니다. 예를 들어 한 기업에 70%를 투자하고 나머지 29개 기업에 30%를 쪼개 투자한다면 이것은 숫자만 많을 뿐이지 집중투자를 하고 있는 것으로 봐야 합니다.

투자하는 주요 기업들의 산업분야가 집중되어 있는 경우도 마찬가지입니다. 겉보기에는 분산투자를 한 것같이 보일 뿐이지 실제로는 집중투자가 되어 있는 포트폴리오도 많습니다.

비중은 두 가지를 생각해보면 될 것 같습니다. 예를 들어 10개 기업에 투자했다면 비중이 가장 큰 두 개에서 세 개 정도는 본인이 확실히 믿을 만한 기업이어야 합니다. 지금 당장 주식을 모두 팔고 다시 산다고 해도 순위는 바뀌더라도 3위 내에 들 만한 기업들이 1~3위에 있어야 한다고 생각합니다.

반대로 비중 하위 3개의 경우 상위 3개에 비해서는 확실하게 차이가 나야 할 것 같습니다. 만약 하위 3개 중에서 상위 3개보다 더 매력적인 기업이 단 하나라도 있다면 그 포트폴리오는 반드시 바꿔 볼 필요가 있습니다.

요약하면 매일매일의 포트폴리오 비중을 조정하는 것은 시간 낭비가 될 수도 있지만, 적어도 가장 큰 비중으로 갖고 있는 기업들의 경우 내가 지금 생각하는 최상의 투자 방안이어야 한다는 것입니다.

Q 너무 많은 주식을 보유하게 되면 그냥 시장지수를 따라가게 되지 않을까요?

A 결과적으로 분산투자를 하게 되면 시장을 크게 앞서기는 어렵습니다. 하지만 시장에 크게 못 미치기도 어렵습니다. 주식시장 전체가 장기적으로 성장할 때가 많음을 고려하면 시장지수를 따라가는 것을 나쁘게 볼 이유는 없다고 생각합니다.

여기서 중요하게 봐야 할 것은, 대부분 개인투자자들의 포트폴리오는 분산투자를 하더라도 시장지수와는 상관이 없는 경우가 많다는 점입니다. 삼성전자나 SK하이닉스를 시장지수에서의 비중만큼 담고 있는 개인투자자는 거의 없기 때문입니다.

너무 많은 주식을 보유해 시장을 못 이긴다고 생각하거나 아쉬워하는 것은 대부분의 개인투자자들에게는 해당사항이 없는 걱정이라고 생각합니다. 오히려 시장조차 제대로 못 따라가서 문제인 개인투자자들이 허다합니다.

Q 그렇다면 분산투자에 대해서 투자자들에게 잘못 알려진 부분이 있을까요?

A 가장 잘못 알려진 것은, 하나가 떨어지면 다른 하나가 올라서 메워줄 것이라는 생각입니다. 결과적으로는 그렇게 될 수는 있지만 그 자체가 목표는 아닙니다.

분산투자는 순위를 매기기 쉽지 않지만 내 기준을 충족하는 여러 개의 투자기회에 대해서 억지로 하나를 고르지 않는 것을 의미합니다. 기준을 충족하지 못하는데 분산 자체만을 목표로 해서 여러 개를 담을 이유는 없다는 이야기입니다.

분산투자의 효과들을 좀 더 정확하게 살펴보면, 가장 큰 장점은 장기적으로 볼 때 실력 있는 사람이 성공할 확률이 올라갑니다. 중립적인 효과로는 시장수익률과 가까워지는 효과가 있습니다. 실력이 있는 사람에게는 다소 아쉽고, 실력이 없는 사람에게는 좋은 효과입니다.

부정적인 효과는 딱히 없다고 생각하지만, 굳이 꼽자면 아무래도 여러 기업들을 동시에 신경 써야 하니 손이 많이 간다는 정도인 것 같습니다.

Q. 탐욕에 대한 내용에서 확신에 대한 내용으로 넘어간 것 같습니다. 구체적으로 확신을 갖는데 있어서 좀 더 유의해볼 만한 사항은 없을까요?

A. 정보의 가치에 대해 지나치게 높게 보는 것은 경계해야 할 것 같습니다.

특히 기업이나 산업의 내부자가 아니라 외부자라면 본인이 직접 확인할 수 있는 범위는 무조건 좁을 수밖에 없습니다. 내부자조차 정확하게 판단하기 어려운 상황들이 많고, 같은 정보라고 하더라도 해석이나 분석력 또는 습득 시점에 있어서 차이가 큽니다.

이와 같이 아는 만큼 보인다는 점을 고려한다면, 개인투자자가 확신을 가지고 투자할 수 있는 기업군이나 산업은 사실 극히 제한적입니다. 그러니까 일단 본인이 알 수 있는 경계선을 긋는 것이 중요합니다. 그 밖으로 어쩔 수 없이 나가야 할 때는 한 번이 아니라 세 번 더 신중해도 지나치지 않는다 생각합니다.

Q. 질문을 이어나가다 보니 문득 궁금증이 듭니다. 주식의 기대수익률은 어느 정도라고 보시나요?

A. '기대수익률'이라는 단어가 주식시장에서 두 가지 의미로 완전히 다르게 쓰이고 있다는 것부터 먼저 말씀드려야 할 것 같습니다.

첫 번째 의미는, 말 그대로 투자자가 주식시장에서 얼마 정도를 벌면 좋겠다고 기대하는 수익률입니다. 은행 예금 이자율이 2%이니 주식에서는 그래도 4% 이상은 벌어야 하지 않을까 같은 것이 여기에 속합니다.

두 번째 의미는, 투자의 위험을 고려해 적어도 이 정도는 벌어야 한다고 요구하는 수익률입니다. '요구수익률' 정도로 이해해볼 수 있을 것 같습니다.

재무에서는 투자의 위험이 높을수록 요구수익률은 증가하고, 요구수익률이 증가할수록 더 싼 가격에 사기를 희망합니다. 주식투자의 경우 예금보다는 훨씬 더 위험하기 때문에 그만큼 요구수익률은 크게 높아야만 할 것입니다.

기대수익률, 요구수익률, 할인율 등의 단어로 쓰는데, 재무관리에 대해 한 번이라도 배워보신 적이 있는 분들이라면 아마 익숙한 개념이 아닐까 생각합니다.

첫 번째 의미인 얼마 정도를 벌게 될지에 대해서 먼저 말해보자면, 역사적으로 보았을 때 주식의 성과는 선진국의 종합주가지수를 기준으로 대략 10% 안팎이었습니다. 앞으로도 크게 다르지는 않을 것 같습니다. 다만 대부분의 개인투자자들은 종합주가지수와는 상관없는 매매 혹은 투자를 하기 때문에, 이러한 장기적인 흐름에 영향을 받는 개인투자자는 거의 없지 않을까 생각합니다. 같은 맥락에서 개인투자자의 경우 벤치마크 지수로 종합주가지수를 쓰는 것은 합리적이지 못할 수 있습니다.

두 번째 의미인 요구수익률 개념에서 보면, 주식에 대한 요구수익률은 최소한 10%는 넘어야 하지 않을까 생각합니다. 주식이 본질적으로 갖는 위험을 고려할 때 10%보다도 낮으면 너무 작은 것 같습니다. 아무리 훌륭한 기업이고 안정적인 기업이라고 하더라도 사업이라는 것은 항상 위험을 수반합니다. 따라서 지나치게 낮은 요구수익률을 설정해서는 곤란하다고 생각합니다. 이 말은 지나치게 높은 가격을 지불해서는 안 된다는 것과 대응됩니다.

Q 대략적으로 무슨 말씀을 하고 싶으신지 알겠습니다만, 혹시 숫자로 표현이 가능할까요? 요구수익률의 개념을 잘 모르는 분도 많을 것이라 생각하고 설명해 주시면 좋겠습니다.

A 어떤 회사의 주가가 10년 뒤에 10만 원 정도가 될 것이라고 내가 믿고 있다고 생각해 보겠습니다.

그럼 지금 내가 요구수익률이 10%라면 10만 원을 1.1의 10승으로 나눠주면 지금 내가 얼마를 내고 사야 할지가 나오겠죠. 계산해 보면 3만 8,500원 정도가 나옵니다. 이것이 내가 지금 그 주식을 살 때 낼 수 있는 가격입니다.

지금 주가가 3만 8,500원보다 비싸면 못 사는 것이고, 지금 주가가 3만 5,000원 정도라면 덥석 사면 됩니다. 만약 현재 주가가 2만 원이나 1만 원이라면, 훨씬 더 행복하고 자신감 있게 매수할 수 있을 겁니다.

이걸 PER하고 겹쳐서 생각해보면, PER 10배인 기업은 지금 이익이 그대로 유지될 때 이 기업이 지금 시가총액만큼 돈을 버는데 대략 10년이 걸립니다. 시가총액이 1,000억 원이라고 치면 순이익이 100억 원 정도 나는 상황이라 보면 됩니다.

그럼 10년 후에 적어도 그 기간 동안에 번 돈만큼만 시가총액이 올라 시가총액이 2,000억 원은 되어야 하지 않을까요? 딱 두 배. 그러니까 시가총액이 2,000억 원이 된다고 쳤을 때 10년 동안 복리수익률이 7.18% 정도 됩니다. 이 정도에 만족할 수 있으면 지금 당장도 살 수 있을 겁니다. 그렇지 않다면 가격이 맞을 때까지 더 기다려야 할 것입니다. 물론 끝까지 가격이 맞지 않게 될 수도 있습니다. 그렇게 되면 결국 그 주식은 나에게는 기회가 없게 될 것입니다.

Q. 생각보다 너무 기대수익률이 낮습니다. 겨우 그 정도로 주식으로 돈을 벌었다고 할 수 있을까요?

A. 반대로 묻고 싶습니다. 한국 주식의 기대수익률은 어느 정도면 적합할까요? 위험이 크면 수익도 크다는 점을 고려한다면, 한국 주식의 위험 수준이 과연 세 자릿수의 수익률을 낼 정도로 충분히 위험한지 생각해볼 필요가 있습니다.

주식시장의 가격이 불합리하면 불합리할수록 큰 돈을 벌 기회는 많이 생깁니다. 하지만 과거 20년 전, 10년 전과 지금을 비교해보면 분명 한국 주식시장은 점점 더 불합리하지 않은 방향으로 가고 있다는 것은 비교적 분명해 보입니다. 주식시장이 선진화될수록 주식시장의 기대수익률과 위험은 같이 떨어져야 합니다.

오히려 주식으로 크게 잃는 사람과 크게 버는 사람들이 이렇게 많은 이유에 대해 생각을 해봐야 합니다. 실제로 주가지수 기준으로 보면 한 달에 10% 바뀌는 경우도 흔치는 않지만, 한 달만에 본전을

다 까먹는 경우가 수두룩한 이유는 무엇일까요? 그것은 아마도 많은 사람들이 지금의 주식 변동성에도 만족하지 못하고, 더 큰 변동성을 얻기 위해 노력하기 때문일 것입니다.

대부분의 개인투자자들은 안정적인 수익을 원한다고 말은 하지만 실제로는 극적인 수익률을 원합니다. 신용미수 사용, 집중투자, 소형주 투자, 이 3가지를 적절히 배제하기만 하더라도 지금과 같은 극단적인 개인투자자들의 성과는 많이 안정될 수 있을 것으로 봅니다.

> 밑바닥에 구멍이 있는지 없는지
> 파악할 시간도 기회도 없는 상황에서 수많은 바구니에 담는 것은
> 위험과 손실의 가능성을 높이는 방법이다.
>
> – 존 메이너드 케인스

Q. 말씀해주신 3가지, 신용미수, 집중투자, 소형주 투자 중에서 꼭 하지 않았으면 하는 것을 하나만 택한다면 무엇일까요?

A. 주식에서 2배, 3배에도 만족하지 못하는 분들이 많습니다. 그러다 보면 점점 더 큰 위험을 지게 됩니다. 신용미수, 집중투자, 소형주 모두 위험하지만 셋 중 꼭 하나만 선택한다면 신용미수가 가장 위험한 것 같습니다.

Q. '밤에 잠을 푹 잘 수 있을 정도로만 주식을 사라', '여윳돈으로 주식을 사야 한다' 같은 말들과도 관련이 있을까요?

A. 관련이 없지는 않지만, 그런 문제들을 너무 고민하는 것도 좋지 않을 수 있습니다.

투자는 최소의 위험으로 최대의 이익을 내는 행동을 반복적으로 하는 것입니다. 이 원칙을 지키는 것만으로도 투자자는 충분히 힘이 듭니다. 개인적인 소비라든가, 돈을 쓰는 행위, 마음의 평안 등등은 모두 행복한 삶을 위해서는 중요합니다. 하지만 이런 모든 것들을 투자라는 이름에 묶어버리면 투자자의 올바른 판단을 해치기 쉽습니다. 외부적이거나 심리적인 요인들은 투자금의 크기를 조정하는 것으로 선제적으로 해결하는 것이 좋습니다.

Q 투자를 할 때 절제하거나 배제해야 할 사항으로 더 보태고 싶은 이야기가 있다면?

A 인터넷에서 주로 보게 되는데, 오래 전에 주식에서 큰 돈을 잃었고 이번에 원금을 복구하고 싶다는 말씀을 하는 분들이 있습니다. 안타깝게도 투자자가 이전에 얼마를 잃었는지에 대해 주식시장은 아무런 관심이 없습니다.

간혹 과거의 손실을 수업료라고 말씀하시는 분들도 있습니다. 하지만 이전에 큰 손실을 냈던 바로 그 투자 방법을 그대로 고수한다면 이번에도 그만큼의 손실을 낼 가능성이 매우 높을 것입니다.

그동안 돈을 벌었든 잃었든 간에 원금이라는 개념은 투자 결정에 있어서 대단히 불필요합니다. 개별종목 단위에서도 그렇고, 전체 투자에서도 그렇습니다. 최대한 빨리 잊어버리거나 무시하려고 노력해야 한다고 생각합니다.

주식시장은 투자자의 원금이 얼마였는지 관심도 없고 흥미도 없습니다. 개인투자자에게 원금이 얼마였는가는 큰 투자를 끝마친 이후 과정을 복기할 때나 한번쯤 꺼내서 확인해보면 충분합니다.

권 교수의 ZOOM IN ★★★

'백만 원만 주세요'와
'백만 원만 빌려주세요'의 차이

생각보다 주변에서 흔히 보는 일이, 굉장히 큰 돈을 잘 알지 못하는 친구나 지인에게 빌려주는 것입니다. 우리는 쉽게 인식하지 못하지만 '주는 것'과 '빌려주는 것'의 심리적 차이는 굉장히 큽니다. 사람들은 대개 빌려줄 때 떼일 것은 고려하지 않기 때문입니다.

주식투자에 임하는 사람들의 생각을 이러한 관점에서 해석해보면 흥미롭습니다. 자동차를 '사기' 위해 사용하는 몇천만 원에는 손이 덜덜 떨리는 사람들이 주식을 '매수'할 때는 몇억 원도 가볍게 여기는 경우가 흔합니다. 실상은 두 가지 경우 모두 '자산'을 매수하는 것인데도 말입니다. 이유가 무엇일까요?

여러 가지 이유가 있겠지만 가장 중요한 것은 실수를 하더라도 쉽게 번복할 수 있다고 생각하기 때문으로 보입니다. 자동차를 환불하는 것은 상당히 힘들고 어려운 일이지만, 주식투자에서 실수를 했을 때는 언제든지 팔 수 있다고 확신하는 것 같습니다.

사고파는 매매 과정에서의 지나친 편리함이 주식투자가 얼마나 중요하고 위험한 결정인지를 인지하지 못하도록 착각하게 만들고 있습니다. 실제로 주식투자에서 한 번의 실수는 딱 한 시간이면 모든 것을 잃게 할 수도 있는데도, 소비자일 때는 단돈 100원을 아까워하는 사람들이 주식투자를 할 때는 100만 원을 우습게 여기는 경우가 너무 흔합니다. 이러한 문제를 이성적으로 회피하려면, 주식에 대해서도 '환불 불가'라고 강제적으로라도 인식할 필요가 있습니다.

언제라도 팔 수 있다는 생각부터 경계해야 합니다. 주식투자에서 실패하면 엄청난 비용을 치러야 한다는 것은 투자를 해본 사람이라면 누구나 잘 알고 있습니다. 그럼에도 아직도 많은 사람들이 가볍게 투자를 하고 쉽게 돈을 잃고 있는 것이 현실입니다.

3,000만 원짜리 자동차를 사는 것과 동일한 금액으로 창업을 하는 것, 그리고 주식을 사는 것은 최소한으로 봐도 '동등하게' 위험한 결정입니다. 오히려 자동차가 훨씬 덜 위험할지도 모릅니다. 적어도 제대로 된 대리점에서 잘 알려진 브랜드를 산다면, 최고의 소비자와 최악의 소비자를 비교한다고 하더라도 그 차이는 그다지 크지 않을 수 있습니다. 하지만 주식투자는 다릅니다.

주식을 '쉽게' 사고 팔 수 있다는 사실이 주식투자를 '대충' 해도 된다는 말이 아니라는 점을 확실하게 자각할 필요가 있습니다.

일곱 번째 대화

주주행동주의와 소액주주운동

잘하는 기업이 계속 잘한다

Q. 최근 주주행동주의가 주목받고 있는데 어떻게 생각하시나요?

A. 먼저 주주행동주의의 정의를 내려 봐야 할 것 같습니다.

저는 주주행동주의를 주주가 기업의 경영에 개입해 주주의 이익을 극대화하고자 하는 시도라고 생각합니다. 즉, 경영진이 주주의 이익을 침해하고 있는 상황이라고 소수 또는 다수의 주주가 생각하고 있을 때, 그러한 부분을 바로잡기 위해 뭔가 행동을 하는 것을 통칭한다고 보면 될 것 같습니다.

한국의 주주행동주의는 소액주주와 오너경영인 사이의 갈등에서 시작하는 경우가 많다는 특징이 있습니다. 이는 대주주가 경영자를 겸하는 오너경영인들이 많고, 그동안 이에 따른 폐해들이 누적된 부분이 있기 때문입니다.

Q 주주행동주의에 부정적인 면은 없을까요? 보유한 기업에 문제가 있으면 뭔가 활동을 하실 생각이 있으신지도 말씀해주시면 좋겠습니다.

A 소액주주운동에 나서는 분들은 존경할 만하다고 생각합니다. 하지만 다른 목적이 있는 경우도 많아 보입니다.

제 경우에는 주주로서 경영자의 행동에 마음에 들지 않는 부분이 있다면 그냥 투자를 접는 편입니다. 앞으로도 뭔가 활동을 할 것 같지는 않습니다.

주식시장에는 충분히 많은 기업이 있고, 특정 기업에 굳이 투자해야 할 필요성이 없습니다. 어떤 기업에 투자하지 않을 자유가 있다는 것은 개인투자자가 갖는 매우 큰 강점이라고 생각합니다.

일단 오너경영인이 일정 수 이상의 지분을 보유하고 있다면, 그 기업은 겉으로 전문경영인을 내세우고 있든 그렇지 않든 간에 그 기업에 대해서는 절대적인 영향력을 갖는다고 봅니다. 그리고 기업지배구조의 개선을 통해서 기업가치를 극적으로 올리는 것은 대단히 어렵지만, 반대로 오너경영인이 다소의 손해만 감수한다면 기업을 망가뜨리는 건 너무 쉽습니다.

종합적으로 볼 때, 현재 주주간에 극한의 대립이 나타나고 있는 기업에 투자할 이유는 매우 적을 것 같습니다.

Q. 최근에 기업이나 경영자의 범죄행위에 대한 문제제기가 많습니다.

A 이전에는 경영자의 범죄행위에 대해 다소 관대하게 생각한 면이 있습니다. 특히 횡령이나 뇌물과 관련된 부분에 대해서 그랬는데, 요즘은 그에 비해서는 좀 더 엄격하게 따지는 편입니다.

일단 가장 먼저 배제하는 부분이 경영자가 주가조작과 확실하게 연루된 경우는 웬만하면 투자하지 않습니다. 한 번 해본 경우라면 두 번도 할 수 있다고 생각하고, 주가조작의 경우 다른 종류의 범죄와는 달리 경영자의 고의성이 명백하다고 판단하기 때문입니다.

분석에는 예언이 아니라 통찰력이 필요하다.

― 벤저민 그레이엄

Q. 미국이나 다른 선진국 주식들에 비해 한국 주식들이 유난히 저평가되는 원인으로 기업지배구조를 꼽는 분들이 많습니다.

A. 기업지배구조에 문제가 있는 기업은 충분히 많다고 생각합니다. 그리고 자사주 매입 등을 보다 적극적으로 하면 주주들이 이익을 볼 만한 기업도 분명히 있을 것입니다.

하지만 실제로 그러한 일을 하고 말고는 대체로 대주주와 경영진의 결정에 전적으로 달려 있는 경우가 많습니다. 특히 지금까지 주주가치에 대해서 아무런 관심도 없었던 기업이라면, 경영권이 아예 넘어가는 등 극적인 계기가 없다면 앞으로도 별 관심이 없을 것이라고 봐야한다고 생각합니다.

자본구조 측면에서 기업의 행동은 경영권에 변화가 없다면 하던 대로 할 것이라고 가정하는 것이 가장 합리적으로 보입니다. 그동안 부채를 거의 쓰지 않던 기업이라면 앞으로도 쓰지 않을 것이고, 그동안 자사주 매입이나 배당에 매우 인색했던 기업이라면 앞으로도 인색할 것이라고 보는 식입니다.

대부분의 투자자는 소액투자자이고, 많은 경우 기업이 본인의 희망대로 움직여줄 것을 믿습니다. 하지만 대주주와 경영자의 '최선'은 소액주주의 '희망'과는 매우 다를 수 있습니다.

Q 그렇다면 지배구조나 자본구조 측면에서 문제가 있어 저평가된 기업은 앞으로도 계속해서 저평가되어 있을 것이라고 보는 건가요?

A 네. 적어도 문제가 있는 기업이 아무 이유도 없이 갑자기 개과천선할 가능성은 없다고 봅니다. 다만 뭐든 간에 눈에 보이는 변화가 있다면, 변화의 가능성 자체를 무시하지는 않습니다.

예를 들어 그동안 배당을 준 적이 한 번도 없던 기업이 배당을 준다든가 혹은 갑자기 자사주 매입을 한다면, 앞으로 자본구조나 주주정책에 있어서 전향적인 변화가 있을 만하다고 기대해볼 수 있을 것입니다.

가치투자자에게 리스크란
주가가 하락하는 것이 아니라
기업 분석에 착오가 있거나 기업의 가치가 훼손되는 것이다.

― 이채원

Q 그렇다면 지금 투자하고 있는 기업 중에서도 그런 변화를 느끼는 기업들이 있나요?

A 변화 자체가 투자의 이유인 기업은 없습니다. 하지만 변화를 느끼는 기업은 있습니다. 특히 배당정책 측면에서 확연하게 이전과는 다른 모습을 보이는 기업이 있고, 이 부분에 대해서는 매우 긍정적으로 평가하고 있습니다.

변화에 대해 한 가지만 더 첨언하자면, 자본구조나 배당정책과 같은 문제가 점점 좋아지다가 갑자기 안 좋은 방향으로 흘러가는 경우는 매우 드문 것 같습니다.

오랫동안 이런 문제들에 대해 신경을 쓰지 않던 기업이라면, 앞으로도 계속해서 변화가 없는 경우가 상대적으로 흔합니다. 하지만 일단 어떤 계기에서든 간에 이런 문제들에 대해서 기업이 의식을 하기 시작하면, 다시 돌아가는 경우를 찾기는 쉽지 않은 것 같습니다.

Q 주주행동주의와 연계해서 국민연금이 일정한 역할을 해야 한다고 말하는 개인투자자들이 많은 것 같습니다.

A 국민연금은 워낙 규모가 크고 우리 증권시장에서 특별한 위치를 차지하고 있기 때문에 지금도 그렇고 앞으로도 주목 받을 수밖에 없다고 생각합니다.

하지만 기본적으로 국민연금도 투자자입니다. 투자자가 위험을 줄이고 수익률을 높이는 것 이외의 다른 목표들을 자꾸 설정할수록 본질에서 멀어지기 쉽다고 생각합니다.

물론 국민연금이 때로는 대주주의 전횡을 방지하는 역할을 할 수는 있습니다. 경영자의 행동이 주주로서의 국민연금의 이익에 반한다면 그렇게 해야만 합니다. 그렇지만 국민연금이 기업의 경영활동 하나하나에 개입하는 것은 가능하지도 않고, 적절하지도 않다고 생각합니다.

======= 권 교수의 ZOOM IN ★★★

프랜차이즈를 창업하는 사람들

　개인투자자나 투자하는 금액이 적으면 중소형주, 중소기업에 투자해야 한다고 주장하는 분들이 많습니다. 중소형주의 경우 큰 수익을 기대할 수 있기 때문에, 중소형주에 투자하면 빠르게 투자금액을 불려나갈 수 있다는 것입니다.

　하지만 경험이 적은 투자자가 중소형주에 먼저 손을 대는 것은 재앙과 같은 결과가 나올 수도 있습니다.

　반면 대기업, 혹은 대형주를 사는 것은 스타벅스나 파리바게트와 같은 대형 프랜차이즈를 창업하는 것과 비슷합니다. 이와 같은 대형 프랜차이즈를 선택한다는 것은 나에게 부족한 경험이나 역량을 검증된 프랜차이즈의 힘으로 메움으로써 실패의 가능성을 적극적으로 줄이겠다는 것입니다. 투자에서는 애플이나 구글과 같은 검증된 기업들을 사는 것이 이에 해당합니다.

　다시 한 번 강조하지만 투자금액의 크고 적음과 개인투자자라는 사실이 중소형주에 집중해야 하는 이유가 될 수는 없습니다.

　중소기업을 택한다는 것은 독자창업과 같습니다. 경험이 많고 역량이 있는 투자자라면 프랜차이즈보다는 독자창업이 훨씬 더 큰 이익을 볼 수 있을 것입니다. 하지만 경험이 없고 역량이 부족하다면 비빌 언덕조차 없어질지도 모릅니다.

　중요한 것은 본인의 경험과 역량입니다. 특히 내가 아직 경험이 적고 역량이 부족하다고 느낀다면, 적어도 투자하고 있는 기업이라도 확실하게 경쟁력이 있어야만 남다른 성과를 기대해볼 수 있을 것이라 생각합니다.

여덟 번째 대화

ETF와 간접투자상품

장점과 단점부터 파악하라

Q. 최근 ETF^{Exchange Traded Fund, 상장지수펀드} 투자가 각광받고 있습니다. 혹시 ETF 투자를 하고 계신지, 그리고 ETF 투자에 대해서 어떻게 생각하시는지 궁금합니다.

A 연금저축 ETF에 대해서는 좋은 투자 대상이라고 생각합니다.

주식투자에서 장기투자를 유도하는 세액공제 상품들이 이미 여럿 있지만, 그중에서도 연금저축 ETF는 구조가 투자하기도 좋고 이해하기도 쉽게 되어 있다는 점에서 추천할 만한 상품이라고 생각합니다. ETF 투자는 투자자에게 좋은 상품이라고 생각합니다. 특히 초보자에게 매우 좋습니다. 하지만 ETF의 분산투자 효과는 기본적으로 연 단위의 장기적인 기간에만 해당합니다.

피터 린치^{Peter Lynch}의 유명한 '마젤란 펀드' 같은 경우 수천 퍼센트의 수익률이 났지만 제대로 누린 사람은 몇 없었다고 하는데, ETF의 경우 매매가 쉽기 때문에 더할 수도 있습니다. 예를 들어 어떤 ETF가 10년간 열 배가 올랐다고 하더라도 그만한 수익을 제대로 누리는 사람은 극히 소수일 수 있다고 생각합니다.

Q. 그럼 ETF 투자의 장단점 혹은 간과하기 쉬운 점 등 더 추가적으로 설명해주실 부분이 있을까요?

A. ETF 투자에서 가장 큰 오해가 되는 부분이 업종 ETF와 일반적인 지수 ETF를 같은 선상에 놓는 것이 아닌가 싶습니다.

업종 ETF는 일반적인 주식형 뮤추얼펀드에 비해서도 훨씬 더 특정 산업군에 편향이 심한 상품입니다. 편향되었다는 것이 반드시 나쁘다는 것은 아니지만, 매우 특정한 상황이 조성된 경우에나 괜찮은 상품이라 생각합니다.

반면, 지수 ETF에 대한 투자는 대표적인 '패시브 투자'로 봐야 하고, 업종 ETF에 대한 투자는 대표적인 '액티브 투자'로 봐야 합니다.

똑같이 'ETF'라는 이름을 달고 있지만 일반적인 지수 ETF와 업종 ETF는 아예 다른 금융상품으로 간주해야 한다 생각합니다.

> 은밀히 추천되는 종목을 조심하라.
> 사람들은 도취되고 감정적으로 이끌리어
> 그 주식이 별것 없다는 사실을 알아채지 못한다.
>
> – 피터 린치

Q 그렇다면 업종 ETF에 투자해야 하는 경우는 어떤 때인가요?

A 세액공제 등의 특수한 목적을 제외한다면, 특정 업종이 전체적으로 저평가되어 있다는 확신이 있는 상황에서 특정 기업을 택하기가 다소 애매할 때 선택할 수 있는 경우가 바로 업종 ETF라고 생각합니다.

제품의 가격이 전반적으로 상승한다든가 해서 특정 기업뿐 아니라 업종에 속한 기업들이 전체적으로 좋아질 것이라고 생각될 때에만 제한적으로 선택할 수 있을 것 같습니다.

예를 들어 철강 가격이 전반적으로 올라서 철강업계가 전반적으로 좋아질 것이 투자 아이디어라고 한다면, 이는 특정 기업뿐 아니라 철강을 만드는 대부분의 기업들이 혜택을 볼 수 있을 것입니다. 이런 다소 광범위한 투자 아이디어를 갖고 있을 때 선택할 수 있는 것이 업종 ETF가 될 수 있을 것 같습니다.

Q 액티브 ETF는 어떤가요? 요즘 관심이 높은 것 같습니다.

A 액티브 ETF는 공모펀드의 대체재라고 생각합니다. 일반적인 인덱스 투자와는 거리가 다소 먼 것 같습니다. 기존의 공모형 펀드에다가 매매의 수월성을 높인 것이 액티브 ETF라고 생각합니다.

액티브 ETF의 경우 펀드매니저나 자산운용사의 입장에서는 긍정적인 면이 많은 상품이라고 생각합니다. 일단 상장만 시켜놓으면 그 이후에 펀드에서 돈이 빠져나갈 일이 없기 때문입니다. 투자자의 입장에서도 매매가 수월하다는 점에서는 긍정적인 면이 있습니다. 따라서 여러모로 공모형 펀드에 대해서 상위 호환이 되는 상품이라고 볼 수 있습니다.

하지만 액티브 ETF에는 공모형 펀드가 갖고 있는 단점들도 그대로 복사가 되어 있다는 점 또한 잊어서는 안 될 것 같습니다.

특히 액티브 ETF가 수수료까지 지나치게 비싸다면 굳이 액티브 ETF를 살 필요가 있을지 심각하게 고민해볼 필요가 있지 않을까 생각합니다. 같은 실력을 가진 펀드매니저가 액티브 ETF를 운용할 때와 뮤추얼펀드를 운용할 때 수익률에 큰 차이가 난다면 그것은 해당 자산운용사의 보상체계와 같이 다른 데서 문제를 찾아야 할 것 같습니다.

Q 2010년 정도만 해도 공모펀드, 그러니까 뮤추얼펀드에 대한 수요가 꽤 있었던 것 같은데 요즘은 주가가 많이 올랐는데도 인기가 그만 못한 것 같습니다.

A 가장 중요한 문제는 주식에 투자하는 사람들이 원하는 수익률을 공모펀드가 달성해주기 어렵다는 점 때문입니다.

개인투자자들의 주식에 대한 기대수익률은 상상 이상으로 엄청나게 높습니다. 분산투자와 운용원칙을 제대로 준수하는 공모펀드라면 현실적으로 달성하기 어려운 수준입니다. 겉으로야 10~20% 정도면 만족한다고 하시는 분들도 많지만, 속마음은 두 배 세 배도 부족하다 생각하는 분들이 많습니다. 객관적으로 공모펀드가 달성해주기는 어려운 숫자입니다.

또 다른 문제는 주식투자의 문턱이 충분히 낮아졌다는 점입니다. 예전에는 투자에 대해서 불안감을 갖는 사람들이 전문가를 찾는 느낌으로 펀드에 가입했습니다. 하지만 지금은 아닙니다. 모든 개인투자자들이 본인이 전문가가 될 수 있다고 생각하는 시대가 되었습니다. 이는 주식에 대한 정보가 워낙 흔해지고 매매가 마치 게임처럼 간편해졌기 때문에 생긴 자연스러운 변화라고 생각합니다. ETF와 같이 공모펀드를 대체할 만한 수단이 흔해졌기 때문이기도 합니다.

Q. 레버리지 ETF나 인버스 ETF에 대해서는 어떻게 생각하시나요? 특히 레버리지 ETF의 경우 매우 활성화되어 있지만, 레버리지 ETF는 일반적인 지수 ETF에 비해 덜 오르고 더 떨어진다는 의견도 있습니다.

A 인버스 ETF를 먼저 보겠습니다. 인버스 ETF의 경우 주가지수가 떨어질 것에 대한 확신이 있으신 분들이 사게 될텐데, 매우 위험하다고 생각합니다.

언제가 버블 기간인지는 알 수 없지만 버블이 생각보다 훨씬 더 길게 지속되는 경우는 매우 많습니다. 심지어는 버블 기간이 정말 길어지게 되면 시간이 지나면서 기업가치가 충분히 올라가면서 정상 수준으로 맞추어지는 경우도 있습니다.

또 다른 위험성은 주가지수가 상당히 길게 보면 아무래도 우상향하는 경향이 있다는 것입니다.

여러 가지 면에서 볼 때 인버스 ETF는 제가 투자하기에 좋은 상품은 아니라고 생각합니다. 앞으로도 투자하지는 않을 것 같습니다.

레버리지 ETF의 경우는 어느 정도 확신이 있다면 살 수도 있다고 생각합니다. 돈을 빌려서 투자하거나 신용매수를 통해 투자하는 것보다는 조금 더 수월한 상품 정도로 인식하고 있습니다.

상품의 구조상 조금 덜 오르고 더 떨어지는 경향은 있을 수 있지만, 지금 주가 수준에 대한 비교적 확고한 확신이 있다면 투자 못 할 상품은 아닌 것 같습니다.

다만, 레버리지 ETF는 오를 때 두 배, 세 배인 만큼 떨어질 때도 두 배, 세 배라는 것을 얼마나 투자자가 무겁게 받아들이고 투자할지에 대한 확신은 없습니다. 대부분 오를 방향만 생각하지 떨어질 방향은 생각하지 않지 않을까 하는 생각은 듭니다.

Q. 레버리지 ETF에 대해서는 괜찮아 보인다고 하고, 인버스 ETF에 대해서는 안 좋은 점이 많다고 보시는 것 같습니다.

A. 레버리지 ETF, 인버스 ETF를 이용해서 지나치게 잦은 매매를 하는 것에 대해서는 다소 위험하게 생각합니다.

물론 매매를 하시는 분들은 주가지수를 맞출 수 있다는 확신을 하고 투자를 하고 있을 것입니다. 하지만 그게 과연 가능한 일인지는 아직도 잘 모르겠습니다.

레버리지 ETF와 인버스 ETF를 쓰면 일반적인 ETF를 이용해서 매매할 때에 비해 수익도 두 배, 세 배씩 날 수 있지만 손실도 두 배, 세 배씩 더 날 수 있습니다.

적어도 주변에서 누군가가 레버리지 ETF와 인버스 ETF로 매매를 하고 있다면 한 번은 말려볼 것 같습니다.

Q 마지막으로 ELS^{Equity-Linked Securities, 주가연계증권}나 ELW^{Equity-Linked Warrant, 주식워런트증권} 같은 상품에 대해서는 어떻게 생각하시는지도 궁금합니다.

A ELS는 위험성이 생각보다 훨씬 높은 상품입니다. 중위험 상품이라고 알려져 있지만 조건들을 고려하여 위험을 측정하기는 매우 어렵습니다. 만기나 조기상환이 있다는 것도 매우 큰 약점입니다.

ELS에 투자하는 것보다는, ELS에 투자할 금액보다 충분히 작은 금액을 해당 ELS의 기초자산에 투자하는 것이 훨씬 나을 때가 많습니다.

예를 들어 홍콩H지수와 유로스톡스50을 기초자산으로 하는 ELS에 1억 원을 투자하는 것보다는, 홍콩H지수에 투자하는 ETF와 유로스톡스50에 투자하는 ETF에 각각 2,000~3,000만 원을 투자하는 것이 더 유리할 수 있습니다. 나머지는 예금으로 남겨두면 됩니다.

ELW의 경우 옵션의 대용품이라고 생각합니다. 옵션을 좀 더 직관적으로 거래할 수 있도록 간소화한 상품이라는 겁니다.

옵션이 초고위험 상품인 만큼, 그 대용품인 ELW도 초고위험 상품이 되는 것이 당연합니다. 일반적인 개인투자자에게 적절한 상품이라고는 생각하지 않습니다. 최초 출시되었을 때 소액을 거래해본 적은 있지만, 지금도 그렇고 앞으로도 ELW에 투자할 일은 없을 것 같습니다.

===== 권 교수의 ZOOM IN ★★★

'하인리히 법칙'과 '더닝-크루거 효과'

　'하인리히 법칙'이라는 유명한 법칙이 있습니다. '1 : 29 : 300의 법칙'이라고도 합니다. 산업재해가 발생해 사망자가 1명 나오면, 그 전에 같은 원인으로 발생한 경상자가 29명, 같은 원인으로 부상을 당할 뻔 한 잠재적 부상자가 300명 있다는 것입니다.

　주식투자를 시작하는 사람들의 기대수익률은 대체로 엄청나게 높습니다. 이런 사람들은 우량주, 장기투자, 분산투자가 가져오는 낮은 가격변동성을 참지 못합니다. 다른 기업들이 15%, 20%씩 오르는 것을 뻔히 보면서 한 달에 2~3%에 충분히 만족하면서 주식투자를 이어갈 수 있는 사람은 아마도 거의 없을 것입니다.

　결과적으로, 점점 더 잘 모르지만 크게 오를 것 같은 주식에 집중투자를 하게 되는 것입니다. 그러다 한 번의 사고가 터지면 계좌가 0

이 되는 것을 반복하는 것이 개인투자자의 가장 흔한 실패의 패턴입니다.

단계별로 보면 이런 식입니다.

단계	행동
1	우량주에 조심스럽게 분산투자
2	수익률에 실망해 다른 주식을 탐색
3	잘 모르는 위험한 주식에 집중투자
4	비교적 큰 수익 또는 손해
5	3단계와 4단계를 반복
6	'사고가 터지면서' 실패

여기에 더해 투자자들을 더욱 힘들게 만드는 것이 '더닝-크루거 효과'입니다.

이것은 유명한 인지 편향 중 하나로, 코넬대학 사회심리학 교수인 데이비드 더닝David Dunning과 대학원생 저스틴 크루거Justin Kruger가 코넬대학 학부생들을 대상으로 실험한 결과를 토대로 제안한 이론입니다. 시험을 망친 학생들이 실제 시험점수에 비해서 본인들의 실력을 높이 평가하고, 기대하는 성적도 (실제 성적에 비해) 훨씬 더 높았다는 겁니다.

한마디로 '책을 딱 한 권만 읽은 사람이 제일 무섭다' 또는 '잘 모르고 무식한 사람이 신념까지 갖춘다면 제일 무섭다' 같은 표현과

연결될 수 있을 것 같습니다.

  인식의 범위를 넘어선 상태에서 더닝-크루거 효과까지 겹치게 되면, 흔히 말하는 '모르는 기업에 덮어놓고 올인'하는 현상이 나타납니다.

  특히 기초지식이 없다면 어떤 기업에 대해 공부를 오래 한다고 해서 크게 더 잘 알게 되기는 어렵습니다. 기업에 대해 열 시간을 공부하나 스무 시간을 공부하나 마찬가지입니다. 하지만 그 기업에 대한 근거 없는 확신이 더 강해지는 것은 분명합니다.

  더 잘 아는 기업에 큰 액수를 투자하는 것은 합리적이지만, 아주 조금 아는 기업, 때로는 잘 안다고 착각하는 기업에 거액을 투자하는 것은 당연히 대단히 위험합니다. 개인투자자에게 분산투자가 강조되는 이유가 바로 여기에 있습니다.

아홉 번째 대화

매크로 예측과 시황 분석

초등학생 산수를 미분방정식으로 풀 이유는 없다

Q. 지금까지 보면 매크로 거시경제 변수의 분석이나 시황에 대한 언급은 전혀 없습니다. 혹시 어떤 특별한 이유가 있을까요?

A. 저는 매크로 변수에 대해서는 투자에 전혀 고려하지 않습니다. 고려하지 않는 가장 큰 이유는 매크로 변수에 대한 분석이나 예측이 틀릴 가능성이 매우 높다고 보기 때문입니다.

또 다른 문제점은 변수가 개별기업의 성과에 미치는 영향 또한 매우 불규칙하기 때문입니다.

마지막으로 투자가 종료된 후라고 하더라도, 나의 투자 성과가 매크로 변수를 잘 예측해서 이루어진 것인지 단지 기업이 성과가 좋아져서 그런 것이거나 운이 좋아서였는지를 확신하기도 어렵습니다.

매크로 변수를 남들보다 잘 예측해서 주식투자로 성공하고자 하는 것은 초등학생 산수를 미분방정식을 통해 풀겠다는 것과 비슷하다고 생각합니다. 쉬운 문제를 더 어렵게 만드는 것과 같습니다.

Q. 좀 더 구체적으로 예를 들어 설명해주실 수 있을까요? 가령 테이퍼링이나 금리라든가, GDP성장률의 둔화 등 경제 전반에 걸친 이슈들이 있습니다. 이런 매크로 변수의 분석이나 예측에 대해서도 불필요하다고 생각하시는지 궁금합니다.

A. 간단하게 GDP에 대해 생각해보면, 먼저 다음 분기나 내년의 GDP성장률을 정확하게 예측하는 것이 가능할까요? 가능하다고 하더라도 결코 아무나 할 수 있는 쉬운 일은 아닐 것입니다. 그리고 그 고생을 해서 GDP성장률을 정확히 예측한다면 주식으로 큰 돈을 벌 수 있을까요? 딱히 그렇다고도 보기도 어렵습니다.

GDP성장률에 대한 보편적인 예측이 대부분 주가에 반영되어 있기 때문에, 일반적인 예상에 비해 조금 더 잘 예측하는 정도로는 큰 수익을 얻기란 대단히 어려운 일입니다.

다시 말하자면, 매크로 변수는 예측하기도 어렵거니와 대부분 개인투자자들의 투자 성과는 실제로 그런 변수들을 얼마나 정확하게 예측하고 있는가와 관계가 없습니다.

환율이나 유가 등도 모두 마찬가지입니다. 환율이나 유가를 정확히 예측하는 것은 주가를 예측하는 것 이상으로 어렵다고 봅니다. 그런데 환율이나 유가의 변화를 예측해 그것이 주가에 미치는 영향을 예상하고, 또 투자한다는 것이 과연 가능할까요?

어렵고 틀릴 가능성은 엄청나게 높지만 기대되는 보상은 거의 없는, 꼭 피해야만 할 문제라고 생각합니다.

Q 지수를 예측하는 것도 의미가 없을까요?

A 지수를 예측할 수 있다는 얘기는 주가를 예측할 수 있다는 것인데, 그게 가능하면 주식투자만큼 쉬운 것도 없을 겁니다.

저는 지수는 그냥 예측 불가능한 것이라고 생각합니다. 그래서 크게 관심이 없습니다. 다만 그래도 해볼 만한 것이 있다면, 지수가 상대적으로 버블 상황에 가까운지 아닌지를 가늠하는 정도는 해볼 수 있을 것 같습니다.

예를 들어 신규 상장기업은 일단 없다고 친다면, 1년 정도의 비교적 짧은 기간을 두고 시장 전체의 시가총액이 1,000조 원에서 2,000조 원으로 커졌다고 해보겠습니다.

그렇다면 당연히 1,000조 원일 때가 전반적으로 투자기회가 훨씬 더 많은 시장일 것입니다. 그리고 2,000조 원일 때는 상대적으로 버블에 가까운 시기일 것입니다.

1년이라는 대단히 짧은 시간에 그 나라 경제나 기업들이 두 배 더 좋아지는 것은 거의 불가능하기 때문입니다.

Q 지수가 강세인지 약세인지에 대해 크게 고민하지 않는다는 말로도 들립니다. 그렇다면 주식투자를 하기에 좋은 시점은 따로 없다는 건가요?

A 네. 주가지수를 예측해 좋은 시점을 찾는 것은 불가능하다고 생각합니다.

하지만 앞서 말한 것과 반대의 상황은 생각해볼 수 있을 것 같습니다. 예를 들어 2020년 3월의 경우 월초 1,505조 원으로 시작했던 시가총액 합계가 3월 19일 최저점에는 1,097조 원까지 떨어졌습니다. 겨우 3주만에 한국 기업들의 본질가치가 500조 원이나 떨어질 수 있을까요?

주가가 떨어지는 것은 할인 판매와 같습니다. 최소한 3월 2일에 비해서는 3월 19일이 더 투자하기 좋은 시점이라고 확언할 수 있을 것 같습니다. 하지만 지금에 비해 한 달 후나 1년 후가 더 주식투자 하기 좋은 시점일지 아닌 시점일지는 알 수 없다고 봅니다.

예를 들어 내년 주식시장은 '상고하저'라든가 '상저하고'라든가 하는 지수 예측을 근거로 해서 투자를 하는 것이 불가능하다고 봅니다.

투자자에게 있어서 시황에 대한 판단은 '지금의 시장이 정말 엄청나게 비싼가' 정도의 판단만 내릴 수 있다면 충분합니다.

앞으로의 시황을 예측하는 것은 가능할지도 모르겠고, 투자에 큰 도움이 될지도 모르겠습니다. 테마를 예측하는 것은 더욱 그렇습니다. 지금 무엇이 뜨거운지를 알기는 쉽지만, 앞으로 어떤 분야가 부각될지를 미리 예측하는 것은 지나치게 어려운 도전이라고 생각합니다.

Q. 그 반대는 어떨까요? 예를 들어 시장의 저점을 판단하는 것도 의미가 없을까요?

A 저점이라는 것은 붕괴의 시기에 얼마까지 떨어질 것인지를 예측하는 것이라고 본다면, 이것 또한 현실적으로 예측하기 어렵습니다.

지금 주가 정도면 어지간하면 뭐든 살 만하다 생각할 수는 있겠지만, 그때가 정확히 최저점이 아닐 수도 있습니다. 그냥 좀 더 떨어지더라도 이 정도 가격이면 만족한다 생각하고 사는 게 낫습니다.

오히려 저점을 정확히 잡으려고 과도하게 집착하다보면 더 안 좋은 결과가 나올 수도 있습니다. 예를 들어 평소에 1만 원 정도의 가격을 갖는 제품을 오늘 5,000원에 판다고 하면 충분히 매력적인 가격입니다. 하지만 내일은 더 할인해 3,000원에 팔 수도 있는 일입니다.

물론 그렇다고 해서 5,000원에 산 사람이 엄청난 손해를 입는 것은 아닙니다. 아마 이 상황에서 가장 큰 손해를 입는 사람은 5,000원 또는 3,000원에도 사지 못하고 2,000원이 될 때를 기다렸던 누군가가 될 것입니다.

Q. 그럼 가치투자에 매크로 변수를 활용할 여지는 없다고 생각하시나요?

A. 활용할 여지가 없다고 말할 수는 없습니다. 세상에 누군가는 매크로 변수를 상당히 정확히 예측할 수도 있을 겁니다. 그리고 그중에 누군가는 그 예측에 기반해 큰 돈을 벌고 있을지도 모릅니다. 그리고 요즘은 매크로 변수의 움직임 자체에 투자할 수 있는 방법들도 다양하게 많습니다. 누군가는 매크로 변수를 예측하거나 금융상품들의 허점을 활용해 돈을 벌고 있을지도 모릅니다.

하지만 대부분의 개인투자자들에게는 쓸모가 없다고 생각합니다. 우선 개인투자자들 대부분이 매크로 변수를 투자에 써먹을 만큼 정확히 예측할 수 없습니다.

또한 실제로 매크로 변수들의 움직임에 투자하고 있는 것도 아닙니다. 지금 이 책을 읽고 있는 대부분의 투자자들은 아마 개별주식에 투자를 하고 있을 겁니다. 그렇다면 그 개별주식들에 대해 충분히 잘 아는 것보다 더 중요한 것이 있을까요?

경제가 아무리 좋아져도 망하는 가게는 반드시 나옵니다. 내가 투자한 기업이 망하면 주식은 휴지 조각이 됩니다. 그것은 경기가 좋든 나쁘든 마찬가지입니다.

반대로, 경제가 아무리 나빠져도 내가 투자한 그 기업이 엄청나게 돈을 벌면 주가는 결국은 안 오를 수가 없습니다.

Q. 마지막으로, 개인투자자에게 주가지수는 어떤 의미가 있을까요?

A 개인투자자에게 주가지수는 페이스메이커 정도의 의미가 있습니다.

만약 꾸준히 주가지수보다 나쁜 결과를 내고 있다면 투자방식을 진지하게 고민해볼 필요가 있습니다.

주가가 크게 오르는 시기인데 조금 뒤떨어지는 결과가 나오는 정도의 문제를 말하는 것이 아닙니다. 주가가 오르는 시기와 내리는 시기를 여러 번 겪어보다 보니 계속해서 주가지수보다 많이 부족한 결과가 나올 때의 문제입니다.

이런 현상이 나타나는 주요 원인으로는 과도하게 포트폴리오가 중소형주에 편중되어 있는데, 기업을 보는 능력이 매우 떨어지거나 주가가 오를 때 항상 조급하게 팔았기 때문일 가능성이 높습니다.

또 한 가지 경계해야 할 점은, 주가지수를 항상 이기려고 노력할 필요는 없다는 것입니다.

대부분의 개인투자자들의 포트폴리오는 주가지수하고 별 상관이 없습니다. 마치 사모펀드와 같이 한 개나 몇 개의 기업에 집중되어 있는 경우가 흔합니다. 이런 경우에는 주가지수는 별 의미가 없습니다. 그 기업이 돈을 얼마나 잘 벌 수 있을지, 그리고 지금 가격이 충분히 괜찮은지를 고민하는 것이 훨씬 더 중요할 겁니다.

종합주가지수는 말 그대로 '종합'주가지수입니다. 한 개나 몇 개의 기업에 집중하는 투자자에게는 적당한 벤치마크나 페이스메이커의 역할을 하기 어려울 수 있습니다. 이런 경우에는 차라리 그 기업의 실적이나 성과, 또는 미래에 대해서 얼마나 정확하게 예측하고 있는지에 대해서 좀 더 고민하는 것이 낫습니다.

> 투자자에게 반만 옳은 정보는
> 100% 틀린 정보보다 훨씬 더 위험하다.
>
> — 앙드레 코스톨라니

권 교수의 ZOOM IN ★★★

매매횟수만 줄일 수 있다면,
만사 OK!

트레이더가 아닌, 가치투자를 하는 투자자들 중에서도 굉장히 복잡하고 난해한 매매전략을 쓰는 분들이 많아 보입니다.

물론 효율적인 본인만의 매매전략을 갖고 있는 것은 나쁘지 않습니다. 예를 들어 조금 빨리 파는 경향이 경험적으로 있다면 매도를 한 번이 아니라 여러 번으로 나눠서 한다든가, 아니면 다 팔지 않고 조금 남긴다든가 하는 등등 본인에게 최적화된 매매전략을 만드는 것도 심리적인 안정을 위해 좋은 방법일 수 있습니다.

하지만 매매전략을 정교하게 만들고 지키는 데 너무 많은 시간을 쓸 필요는 없습니다.

특히 매매전략이 복잡해질수록 대체로 매매횟수는 늘어납니다. 매매횟수가 잦아지는 것은 좋은 기업이나 오르는 기업은 빨리 팔고,

나쁜 기업이나 떨어지는 기업을 포트폴리오에 남겨두는 불편한 상황을 만들 가능성이 높습니다.

선택한 기업이 충분히 좋은 기업이라면, 전략을 아주 단순화해 매매횟수를 충분히 줄일 수 있는 방법을 선택하는 것이 가장 좋은 선택일 수 있습니다. 너무 빈번한 매매를 불러일으키는 전략은 겉보기에는 세련되어 보일지라도 결과는 힘만 들지 큰 차이가 없을 가능성이 높다는 게 제 생각입니다.

가장 좋은 투자는 '훌륭한 기업'과 '게으른 투자자'가 만났을 때입니다.

투자사례들을 살펴보면, 좋은 기업을 골라서 팔고 사고를 반복하면서 수익을 올리는 경우가 분명 있습니다. 하지만 실상은 그냥 샀던 그대로 갖고 있었던 것이 훨씬 더 나은 수익률을 내는 경우가 더 많습니다. 화려한 매매 기교는 겉보기에는 굉장한 통찰력이 있어 보이고, 멋있어 보이기는 합니다. 하지만 실상은 그냥 가만히 있는 것에 비해 오히려 수익률이 떨어지는 경우가 잦다는 것입니다.

역사적으로 가장 훌륭한 투자방법 중 하나가 버크셔 해서웨이를 사서 그저 갖고 있는 것이었습니다. 이와 같이 멋지고 훌륭한 매매전략을 두고서 시간을 따로 낭비할 필요는 없다고 생각합니다. 매매전략의 핵심은 어쩌면 매매횟수를 줄이는 것 하나면 충분할지도 모릅니다.

워런 버핏과 같이 10년간 보유할 주식이 아니라면 10분도 보유하지 않는다거나, 피터 린치나 월터 슐로스 같은 투자자처럼 3년이 지나면 매도, 혹은 2배가 오르면 매도와 같은 매우 간단명료한 전략이라도 좋습니다.

다시 말하지만, 좋은 투자기회를 잡았다면 가장 중요한 것은 기다림입니다. 괜히 계좌에 매매횟수만을 쌓아나가는 것은 굉장히 소모적인 일이 될지도 모릅니다.

열 번째 대화

부동산투자와 주식투자

주식투자나 부동산투자나 본질은 같다

Q. 주식을 오래 보유하는 사람이 드물다는 것은 각종 설문조사 등으로 여러 번 확인된 사실입니다. 그런데 왜 그런지에 대해서는 의문입니다. 주식을 오래 보유하는 것이 그렇게나 힘든 일인가요?

A. 10년간 보유할 생각이라면서 주식을 사시는 분들은 그동안 숱하게 많이 보았지만, 실제로 10년 동안 보유한 주식이 단 하나라도 있는 분은 손에 꼽을 정도입니다.

가끔가다 10년 넘게 장기간 보유하신 분들을 보면 많은 경우가 속칭 물렸다고 하는, 주가가 잔뜩 떨어졌는데 아까워서 팔지 못하고 들고 있는 경우가 대부분입니다.

Q. 그렇다면 부동산에 비해서 주식을 오래 보유하는 사람이 적은 이유는 무엇일까요? 다른 자산들에 비해 부동산과 주식을 비교하면 유독 이런 현상이 나오는 이유가 따로 있을까요?

A. 인간의 본능 때문이라고 생각합니다. 인간은 오르면 팔고 싶어 하고, 떨어져도 팔고 싶어 합니다. 이것은 본능입니다.

하지만 부동산의 경우 올랐을 때 팔고 싶어 하는 본능이 세금 등을 통해서 억제되고 있습니다. 만약 살고 있는 집이라면 훨씬 더합니다. 이사를 가는 것은 주식을 파는 것에 비해서 보통 큰일이 아니기 때문입니다.

또 집에 대해 애착을 갖는 사람들은 많지만, 주식에 대해서 애착을 보이는 경우는 그보다 훨씬 적은 것도 중요한 원인입니다.

눈에 보이는 효용도 중요합니다. 예를 들어 3,000만 원을 들여 소나타를 한 대 새로 샀을 때와 3,000만 원어치 현대자동차 주식을 샀을 때를 비교해 본다면 확연합니다. 단지 마음에 안 든다고 새로 산 자동차를 팔아버리는 사람은 많지 않겠지만, 오늘 기분이 나쁘거나 마음이 좀 불편하다는 이유만으로도 현대자동차 주식을 전량 매도할 사람은 생각보다 훨씬 많습니다.

Q 부동산과 주식을 비교하는 것은 앞으로도 계속될 주제인 것 같습니다. 혹시 집을 사야 할지에 대해 생각해보신 적이 있으신가요?

A 당연히 생각해본 적이 있습니다.

제 결론은 항상 같은데, 집을 사도 되고 안 사도 됩니다. 더 중요한 것은 자산을 꾸준히 늘리는 것입니다. 이 방향성만 맞으면 된다고 생각합니다.

일반적인 가정을 기준으로 대표적인 비용이 자동차라면, 부동산이나 주식은 대표적인 자산이라고 하겠습니다. 보험은 다소 애매한데, 일단은 비용이라고 간주하고 이야기를 이어가겠습니다.

부동산과 주식이 모두 자산이라는 같은 군에 속하기 때문에, 둘 중 어느 쪽이 늘어나도 장기적으로는 올바른 방향이라고 생각합니다. 어느 쪽이든 본인이 더 잘 할 수 있는 쪽을 택하면 됩니다. 부동산투자에 확실히 자신이 있으면 부동산 100%가 최선일 수도 있고, 주식투자에 확실히 자신이 있으면 주식 100%도 괜찮습니다.

다만, 자동차 100%와 같은 결정은 곤란합니다. 자동차는 회계적으로는 자산일지 모르지만 실제로는 비용이기 때문입니다.

Q. 주변에 보면 부동산으로 돈을 번 사람이 주식으로 돈을 번 사람보다 훨씬 많은 것 같습니다.

A. 우선, 많은 분들이 부동산으로 돈을 벌었다는 것 자체는 사실이라고 봅니다. 다만, 그것이 부동산이 주식에 비해서 절대적으로 우월한 자산이라는 근거로 보기에는 여러 문제점들이 있습니다.

그리고 많은 한국의 투자자들이 부동산에서 좋은 결과를 낸 이유와 부동산의 장점 또한 일치하지가 않습니다.

정확하게 보려면 두 가지를 나눠서 살펴볼 필요가 있습니다.

먼저, 많은 투자자들이 부동산에서 좋은 성과를 낸 가장 중요한 이유는 총자산에서 차지하는 비중이 엄청나게 컸기 때문이라고 생각합니다. 주식에 1억 이상 투자하는 사람도 드물지만, 부동산의 경우 반대로 1억 이하로 투자하는 사람이 거의 없을 정도입니다.

레버리지 비율도 엄청나게 높습니다. 전세금까지 포함하면 4배나 5배 정도의 레버리지를 쓰는 경우가 흔합니다. 투자된 금액의 차이가 워낙 크기 때문에, 수익금을 기준으로 볼 때 성과에서도 어쩔 수 없이 차이가 있을 수밖에 없습니다.

따라서 수익금의 크기만 가지고 부동산이 주식보다 우월하다고 보기는 어렵습니다. 부동산에서 큰 수익을 낸 이유는 그냥 많이 투자했기 때문일 수 있습니다. 만약 같은 금액을 주식에 투자했다면 더 좋은 결과가 있었을지도 모릅니다.

Q. 투자자들 사이에서 주식투자와 부동산투자에 대한 접근법 자체부터가 다르다는 이야기 같군요.

A. 주식을 10년 이상 보유한 경우가 드문 것에 비해 부동산은 10년 이상 보유한 경우가 매우 흔합니다. 특히 좋은 위치에 있고 만족도가 높은 집일수록 이사를 가지 않고 오래 살 가능성이 높기 때문에 더더욱 그럴 수 있습니다.

떨어졌다고 쉽게 팔지 않는다는 것도 중요한 장점입니다. 예를 들어 집값이 5억 원이었는데 4억 원으로 떨어져 속상해서 판다는 분이 주변에 있으셨나요? 아마도 거의 없을 것 같습니다. 그에 반해 주식투자에서는 삼성전자가 5만 원이었는데 4만 원 됐는데 어쩌죠? 팔아야 하나요? 하시는 분들이 흔히 있습니다.

이와 같이 부동산투자에서는 훨씬 더 인내심이 있고 길게 보는 사람들이, 주식투자에서는 훨씬 더 가볍게 생각하고 짧게 보는 경향이 있습니다. 이것이 그동안 부동산투자와 주식투자의 차별적인 성과를 만들어낸 가장 중요한 요인이라고 생각합니다.

Q 대부분의 개인투자자들이 부동산투자와 주식투자를 놓고, 주식 쪽이 더 적은 금액으로 투자하기 쉽다는 것을 장점으로 꼽고 있습니다. 그건 장점이 아닌가요?

A 부동산에 비해 장점인 것은 맞습니다.

아무리 훌륭한 투자 대상이라고 하더라도 돈이 절대적으로 부족해서 고려조차 할 수 없다는 것은 투자자로서 매우 불편한 사실입니다. 하지만 투자금액이 작다고 해서 수익률을 더 높게 주는 것은 아닙니다. 그리고 투자금액이 일정 수준 이상으로 넘어가면 주식이나 부동산이나 차이가 크게 줄어듭니다.

따라서 적은 금액으로 시작하기 쉽다는 것은 초반에야 큰 장점일지 모르겠지만, 시간이 지나고 운용하는 금액이 커질수록 급격히 중요도가 떨어질 수밖에 없습니다.

저는 부동산에 비해서 주식이 분산투자하기 좋다는 점이 좀 더 중요한 장점이라고 생각합니다.

Q. 부동산과 주식에 대해서 같은 자산이지만 투자자들이 다른 시각을 갖고 있다는 점에는 공감합니다. 혹시 특별한 이유가 있을까요?

A 여러 가지 이유가 있습니다. 세금 문제도 있고, 눈에 보이고 아니고의 문제도 있습니다. 또 거주하고 있는 부동산이라면 이사비용이나 이사에 따른 불편함 등등의 문제도 있을 겁니다.

이 모든 사항들을 종합하면, 부동산을 매매하기 위해 필요한 각종 불편함이 일종의 '안전판' 역할을 하고 있는 셈입니다. 비합리적인 결정을 막고 있는 것이지요.

반면, 주식의 경우 팔고 사기가 너무 쉽습니다. 지나치게 쉽다고 생각합니다. 하지만 팔고 사기 쉽다는 것이 대충 해도 좋다는 얘기는 아닙니다.

3억 원짜리 집을 사는 것과 3억 원어치 주식을 사는 것은 동일하게 매우 중요한 결정입니다. 하지만 이 두 가지에 임하는 투자자의 태도는 많이 다릅니다. 3억 원짜리 집을 사는 사람은 아주 신중하게 움직이지만, 3억 원어치 주식을 사는 사람은 '잘 안되면 내일 팔면 되지 뭐' 이 정도로 생각하고 움직이는 경우도 많이 있습니다.

다시 말씀드리지만, 내일 팔 수 있다는 것이 오늘 결정을 대충해도 되는 이유가 되어서는 결코 안 된다고 생각합니다.

Q. 그렇다면 이런 문제들에 대한 해결책도 제시돼야 할 것 같습니다.

A. 주식을 부동산처럼 하면 됩니다. 정확하게는 거주하는 부동산처럼 하면 될 것 같습니다.

거주할 부동산을 구입할 때를 생각해보면, 가격도 물론 중요하지만 얼마나 괜찮은 자산인지에 대해서도 최소한의 기준을 갖고 구입합니다. 그리고 대체로 내 눈에 좋아 보이는 것은 남의 눈에도 좋게 보입니다. 기업 역시 마찬가지입니다. 내 눈에도 좋지 않아 보이는 기업을 남들이 비싸게 사줄리 만무합니다.

요약하면, 매수는 신중하게 하는 것이 중요합니다. 내일 하한가를 가더라도 오늘 사야 하겠다는 정도면 가장 좋습니다.

매도는 가급적이면 충분히 시간을 두고 하면 좋습니다. 트레이더가 아닌 투자자에게는 오늘 안 팔리면 내일 팔고, 내일도 안 팔리면 내년에 팔아도 좋다는 정도로 느긋하게 해도 된다고 생각합니다. 반씩 나눠서 팔거나 3분의 1씩 나눠서 파는 것도 좋습니다.

'인간의 본성은 주식투자에 실패하기 좋은 방향으로 발전해 있다'라는 말을 들은 적이 있습니다. 아주 적절한 표현이라고 생각합니다. 따라서 인위적으로 억제해줄 필요가 있습니다.

억제할 수 있는 방법은 다양합니다. 예를 들어 결혼을 한 분이라면 반드시 배우자와 상의해서 의견이 일치할 경우에만 매매를 한다고 규칙을 정해두는 것도 한 가지 방법이 될 수 있습니다. 블로그와 같은 공개된 공간에 매매일지를 올리는 것도 충동적인 매매를 막는 좋은 방법입니다.

한마디로 팔고 사는 것을 다소 귀찮게 만드는 것입니다. 매수나 매도를 할 때마다 기업분석 보고서를 쓴다거나, HTS를 한 달에 한 번씩만 깔고 지운다든가 하는 것도 이런 면에서 좋은 방법이 될 수 있습니다. 모바일 트레이딩, 그러니까 스마트폰에 증권사 매매앱을 설치하지 않는 것도 매우 좋은 방법이라고 생각합니다. 그리고 가장 추천할 만한 방법은 장중에 매매를 아예 하지 않고 예약매수와 예약매도로만 거래하는 것이라고 생각합니다.

방법이 무엇이 되었든 간에 매수와 매도를 하기 전에 깊이 고민하고 어렵게 결정할 수밖에 없도록 투자 습관을 만드는 것이 무엇보다 중요합니다.

Q 다양하게 방법들을 제시해 주셨는데, 여전히 막연해 보입니다.

A 핵심은 쉽게 매매하지 못하도록 하는 것입니다.

극단적인 예를 들어본다면, 한 번 주식을 매수하거나 매도하기 위해서는 10km 달리기를 하고 와야 된다고 해보겠습니다. 물론 이렇게 매번 마라톤을 한다고 해서 투자 실력이 나아질 리는 없습니다. 하지만 매매 빈도는 훨씬 줄어들 것입니다. 또 기업 선정에 있어 훨씬 더 신중해질 수 있을 겁니다.

이런 식으로 반복하다 보면 결국 장기적인 결과에서 큰 차이가 나는 것은 당연하다고 저는 믿고 있습니다.

군중심리란
한 사람이 하품하면 옆 사람들이 모두 하품하고
한 사람이 기침하면 모두들 따라 기침하는
연극 공연장 안의 심리 같은 것이다.

― 앙드레 코스톨라니

Q. 마지막으로 재테크에 대해서는 말씀하지 않겠다고 하셨습니다만, 소득의 몇 퍼센트 정도를 투자해야 할지에 대해서 의견이 있으신가요?

A. 사람마다 상황이 워낙 다르기 때문에 일률적으로 소득의 몇 퍼센트를 투자하라고 정하기는 어렵습니다. 일단 기본적인 조건을 정리해보자면 소득이 너무 적어서 저축을 하지 못할 정도인 경우는 주식투자를 하기는 매우 어렵습니다. 주식에 억지로 투자를 했더라도, 돈이 필요하면 어쩔 수 없이 금방 빼게 되기 때문입니다.

일단 저축을 조금이라도 할 수 있는 환경이라면 투자는 가능합니다. 중요한 것은 투자금액이 적더라도 오랫동안 묵혀놓을 수 있도록 단호한 결심을 해야 합니다. 100만 원을 10년간 투자하는 것이 1,000만 원을 1년간 투자하는 것보다 많은 경우 더 나은 결과를 가져옵니다. 특히 소득이 일정치 않은 경우에는 더욱 그렇습니다.

===== 권 교수의 ZOOM IN ★★★

'삼성전자'라는 이름의 바로미터

지금에 와서 삼성전자를 사지 않았던 것을 아쉬워하는 분들이 많을 것 같습니다. 아마 5년 전, 10년 전, 그리고 20년 전의 투자자들도 그랬을지도 모르겠습니다.

삼성전자가 지금 국내에서 가장 훌륭한 투자처인지는 누구도 장담할 수 없겠지만, 삼성전자가 아주 오랜 기간 동안에 한국을 대표하고 있는 매우 훌륭한 기업이라는 것은 분명한 사실입니다. 숫자로 살펴보면 더욱 그렇습니다. 삼성전자의 2021년 영업이익률은 18.47%, ROE는 13.92%로 둘 다 두 자릿수를 넘겼습니다. 부채비율(39.92%)도 극히 낮았고, PER도 10배를 간신히 넘는 정도입니다.

더욱 흥미로운 것은 '좋은 기업'의 여러 요건 중에서 삼성전자는 모든 면에서 상위 30%에 들었습니다. 단순히 확률로만 따진다면, 6

가지 요건 모두에서 상위 30%에 들 확률은 0.07%에 불과합니다.

　상황에 따라 조금은 다르겠지만 삼성전자가 보여주고 있는 지표들은 한국 증시에서의 '좋은 기업'의 바로미터로 삼는데 무리가 없었을 것 같습니다. 다시 말해, 매번 내가 투자하고자 하는 기업이 삼성전자에 비해 어떤 면에서 더 나은 것인지부터 생각해보는 것입니다. 이것은 투자를 객관화하는데 있어서 좋은 접근방법이 될 수 있습니다.

　최근 삼성전자의 주주들은 과히 유쾌하지 않을 것 같습니다. 하지만 앞으로의 삼성전자는 또 다를 수도 있을 것입니다. 그리고 그때야말로 삼성전자의 주주들이 속을 태워가며 기다린 것에 대한 보답을 받는 시점이 될 것입니다.

　그리고 어쩌면 이것이 바로 '삼성전자'라는 이름의 바로미터가 가진 힘이자, 주식투자가 가진 매력입니다.

열한 번째 대화

'재테크 전문가'와 '투자 전문가'

포기할 것은 반드시 포기하라

Q '재테크'와 '투자'의 차이점을 간략하게 설명해주시면 좋겠습니다.

A 재테크와 투자를 비슷한 의미로 생각하는 분들이 많고 실제로도 겹치는 부분이 많습니다. 하지만 차이가 없는 것은 아닙니다.

예를 들어 재테크의 경우 절약이나 소비관리를 매우 중시합니다. 구체적으로는 '통장 쪼개기'라든가 '적금 풍차 돌리기' 같은 표현들을 쓰는 것이 그 예입니다. 시드머니를 모으는 개념도 재테크에서 훨씬 강합니다. 예를 들어 '시드머니 1억을 모으는 것이 재테크의 시작이다'와 같은 표현들이 여기에 포함됩니다.

하지만 투자의 경우는 그렇지 않습니다. 자금의 원천에 대해서는 크게 관심이 없습니다. 투자는 위험은 줄이고 기대수익률을 높이는 것이 핵심입니다. 특히 중요한 것은, 투자는 위험을 감수하는 것이라는 점입니다. '통장 쪼개기'와 같은 것들이 투자의 범주에 포함되지 않는 이유가 위험과는 상관이 없는 문제이기 때문입니다.

시드머니의 크기 역시 마찬가지입니다. 투자의 결과에는 영향을 주지만, 투자 과정에서 고민할 이유는 거의 없습니다. 투자를 잘 하면 결과적으로 운용하는 금액이 자연스럽게 커질 테니 말입니다.

1억을 넘고 10억을 넘을 수도 있지만, 그것은 단지 투자를 잘 했기 때문에 나온 자연스러운 결과입니다. 투자에서 1억이나 10억, 혹은 100억이라는 숫자는 그 자체로 목적은 아니라는 점에서 재테크와 구분되어야 한다고 생각합니다.

Q. 그렇다면 '투자 전문가'와 '재테크 전문가'도 구분되어야 할까요?

A 엄밀히 구분하기는 어렵습니다. 같은 사람을 어떤 행사에서는 재테크 전문가라고 하고, 또 다른 행사에서는 투자 전문가라고 하는 경우가 흔합니다. 그리고 세금과 같이 재테크와 투자 양쪽에 애매하게 겹쳐 있는 경우도 많습니다.

그래도 구분을 해본다면, 있는 돈을 관리하는 쪽에 특화되는 경우는 재테크 전문가로 봅니다. 직업적으로는 은행의 PB들에게 기대하는 역할이 재테크 전문가에 가장 가깝습니다. 소비패턴 관리나 시드머니 모으기, 노후자산관리 등에 관한 말씀을 주로 하시는 분들도 대체로 재테크 전문가 쪽으로 분류해야 할 것 같습니다.

상대적으로 투자 전문가의 경우, 본인이 주식이든 부동산이든 아니면 미술품이나 원자재든 전문성 있는 투자 대상에 대해 어느 정도 차별화된 조언을 제공할 수 있어야 할 것입니다.

Q. 그럼 어떤 사람이 투자 전문가를 찾아가야 하고, 또 어떤 사람이 재테크 전문가를 찾아가면 될까요?

A. 언급한 것과 같이 시드머니를 모으기 위해서 소비패턴을 좀 바꾸고 싶다든가, 이미 돈이 충분히 많아서 더 이상의 위험을 지고 싶지 않다든가 하는 경우가 재테크 전문가에 잘 맞는 것 같습니다. 갖고 있는 돈을 관리하거나 돈을 모아보고 싶은 분들의 경우입니다.

하지만 재테크 전문가에게 투자에 대한 의견을 기대하는 것은 적절치 않아 보입니다.

반면 투자 전문가의 경우는, 주식이든 부동산이든 어떤 투자 대상에 대해서 위험을 지면서 그 이상의 보상을 얻고자 할 때 전문적인 조언을 듣고 싶은 경우에 찾아가시면 됩니다.

시간이 갈수록
잘 아는 회사에 의미 있는 금액을 투자하는 것이
정답이라는 것을 확신하게 된다.

- 존 메이너드 케인스

Q 유튜브의 전문가들을 함부로 믿으면 안 된다고 하셨는데, 이유가 있을까요? 어느 정도는 이해가 갑니다만, 좀 더 정리해서 설명해주시면 좋겠습니다.

A 먼저, 신뢰성에 문제가 있습니다. 유튜브의 투자 전문가들 중에서 본인의 신원이 분명하고 돈을 벌어들인 과정이 뚜렷한 사람은 소수입니다. 자산이나 수익률에 대해서도 일방적인 주장인 경우가 많습니다.

그리고 순수하게 자기를 어필하는 것 이외에 다른 의도가 있는 사람들도 많다고 생각합니다. 이전에 경제TV 등에 자주 나오던 '전문가'들 중에 구속되었던 사례가 빈번했는데, 유튜브 역시 더하면 더했지 덜하지는 않을 것이라고 생각합니다.

두 번째 중요한 문제는, 설령 본인이 성공했다 하더라도 그 과정에서 얼마만큼의 위험을 졌는지에 대해서 알 수 없다는 것입니다.

타인의 경험에서 배워야 할 것은 '결과'가 아니라 '과정'에서 나옵니다. 그 과정이 극단적으로 위험했거나 운에 좌우되었다면, 설령 그 사람이 실제로 성공한 부자라고 하더라도 배울 것은 없거나 오히려 배워서는 안 될 상황이 나올 수 있습니다.

Q '배워서는 안 되는 상황'이라는 것은 어떤 것을 이야기하시는 건가요?

A 우선, 대놓고 사기를 치는 경우는 더 언급할 필요도 없겠죠.

실제로 좋은 성과를 낸 경우 그리고 선의로 하고 있는 경우라는 2가지 가정을 두고 생각해보자면, 굉장히 큰 위험을 졌거나 굉장히 운이 좋았거나 해서 과정에 문제가 있었음에도 불구하고 결과만 좋았던 경우가 가장 큰 문제가 될 것 같습니다.

본인은 그러한 방법으로 성과가 좋았기에 다른 사람들에게도 같은 방법을 추천해주겠지만, 다른 분들이 그만큼 운이 좋을 가능성이 얼마나 있을까요?

부자가 되는 방법이나 가능성은 생각보다 다양합니다. 극단적으로는 로또 1등을 맞으면 부자가 될 수 있습니다. 하지만 로또 1등을 맞은 사람에게 가서 로또 번호를 잘 고르는 법을 배우는 것이 부자가 되기 위한 합리적인 선택은 아닐 겁니다.

Q. 실제로 성공한 부자가 선의를 갖고 본인의 비결을 정말 솔직하게 말해줘도 문제가 생길 수 있다고 보시는 건가요?

A. 네. 만약 전 재산을 털어 로또를 사서 1등을 맞은 부자가 있다고 한다면, 이 부자가 다른 사람들에게 해줄 수 있는 가장 솔직한 이야기는 '전 재산을 털어 로또를 사라'일 겁니다.

분명 이 사람은 거짓말을 하지 않았고, 실제로도 부자가 된 것이 맞습니다. 하지만 이 사람에게 뭔가 조언을 들어서 부자가 되겠다는 것은 합리적이지 못한 선택이 될 것입니다.

Q. 그렇다면 유튜브에 나오는 전문가들은 모두 믿지 않아야 할까요?

A. 물론 유튜브에 정말 훌륭한 분들도 있다는 데는 동의합니다. 개인적으로는 믿을 만한 분들도 있습니다.

하지만 사람은 다수의 훌륭한 사람들의 말보다도 소수의 달콤한 말에 속는 경향이 있습니다. 주식시장의 사기꾼들은 공부하기는 싫고 돈은 빨리 많이 벌고 싶은 사람의 심리를 놀라울 정도로 잘 활용합니다. 항상 조심해야 한다고 생각합니다. 유튜브 전문가들의 경우 제도권에 있는 분들, 그러니까 증권사의 애널리스트 같이 분석 자체가 자신의 업인 분들에 한해 참고사항 정도로 듣는 것이 최선인 것 같습니다. 본인의 이익을 취할 가능성이 조금이라도 있다면 일단 거르는 것이 좋아 보입니다.

Q. 주식투자에 재능과 노력은 어떻게 작용할까요? 주식투자에 대해서 특별한 재능이 있는 사람들이 있을까요? 주식투자에서 운이 차지하는 비중은 어느 정도라고 보십니까?

A 수익률을 기준으로 본다면 운이 차지하는 비중은 상당히 크다고 생각합니다. 특히 몇 달 정도의 비교적 단기간을 본다면 70% 정도는 되어 보입니다.

장기적으로 보아도 훌륭한 실력을 갖췄다 하더라도 악운이 만나면 좋은 결과가 나오기는 어려울 것 같습니다.

재능의 비중은 약간 애매하기는 한데, 당연히 영향은 있을 것입니다. 하지만 투자를 기준으로 본다면, 주식투자의 재능은 비교적 일반적인 재능들의 조합인 것 같습니다. 예를 들자면 냉정함이라든가 합리성이라든가 하는 종류입니다.

제가 보기에, 의사라든가 변호사라든가 하는 대부분 공부와 관련된 전문직들에서 필요한 재능들이 주식투자에도 크게 다르지 않게 적용되는 것 같습니다. 호기심이라든가 이성적인 판단이라든가 다양한 지식을 취득하는데 있어서 거부감이 없다든가 하는 것들이 모두 주식투자에 필요한 재능이라고 생각합니다.

Q 질문을 좀 바꿔서, '감'에 대해서는 어떻게 생각하시나요? 주식에 대해서 '특별한 감'을 갖는 사람들이 실제로 존재하는지 궁금합니다.

A 주변에서 가깝게 본 적은 없지만 충분히 있을 수 있다고 생각합니다. 하지만 '감'이라는 건 결국 설명할 수 없고 전수할 수 없기 때문에 '감'입니다.

더 위험한 것은 몇 번의 성공적인 투자만으로 본인에게 '감'이 있다고 착각하는 경우라고 생각합니다.

'감'에 의해서 성공한 분들이 있을 수 있다는 것은 분명하지만, 그런 분들에게 뭔가를 배우거나 혹은 내가 '특별한 감'이 있다고 착각해서는 곤란하다고 생각합니다.

이해하거나 전달하거나 교육할 수 없는 것은 그냥 부러워하고 마는 게 마음 편합니다. '감'이나 '끼' 같은 단어는 애초부터 따라 할 수 없음을 전제로 한 단어라고 생각합니다.

Q 대부분의 개인투자자들은 투자 전문가가 되는 것보다는 주식투자를 통해 큰돈을 버는 것이 목적일 것입니다. 그렇다면 개인투자자의 투자 성공을 위해서 가장 중요한 것을 무엇이라고 생각하시나요?

A 저는 첫 번째를 쉬운 문제를 찾는 것, 두 번째는 어려운 문제를 확실하게 포기하는 것이라고 생각합니다.

Q. 워런 버핏도 비슷한 말을 했던 것 같습니다. 특별히 이 요건을 강조하는 이유가 무엇인지 궁금합니다.

A. 많은 분들이 이 요건을 대단치 않게 넘겨버리는 경우가 너무 많기 때문입니다.

버핏도 너무 어려운 문제는 캐비닛에 넣어버린다고 했습니다. 이 말을 다르게 말하면, 버핏조차도 투자를 고민하기에 앞서서 풀 만한 문제인지를 가장 먼저 검토한다는 것입니다. 그런데 이 단계를 아예 고려하지도 않는 투자자들이 정말 많습니다.

수능시험을 볼 때도 쉬운 문제부터 푸는 게 기본입니다. 특히 주식시장은 감점이 있는 시장이라, 풀어서 틀리면 '0점'이 아니라 '마이너스 점수'를 받습니다. 주식시장에서 특히 쉬운 문제를 고르는 것에 많은 시간을 써야 하는 이유입니다. 하지만 굉장히 많은 개인투자자들은 풀기 쉬운 문제를 고르는데 시간을 써야 한다는 사실에 관심이 없거나, 그게 중요하다는 것 자체를 깨닫지 못하고 있는 것 같습니다.

다른 모든 경우와는 달리, 주식시장에서는 어려운 문제의 보상이 생각보다 크지 않은 경우가 매우 많습니다. 어려워도 보상이 충분히 크면 한번 도전을 해볼지 모르겠지만, 보상도 애매하게 주어진다면 굳이 풀 필요가 없지 않을까 생각합니다.

순서대로 본다면 먼저 풀 수 있는 문제인지를 확인하고, 적절한 보상을 받을 수 있을지 평가한 이후에 최종적으로 투자가 이루어져야 한다 생각합니다.

Q 투자하기 쉬운 기업을 골라서 투자하라는 말인가요?

A 기본적으로는 그렇습니다. 이해할 수 있는 기업을 골라내는 것과 절대 투자하지 못할 기업을 배제하는 것 둘 다 매우 중요합니다. 다만, 구분해서 볼 부분은 정확하게는 '쉬운 투자안'을 골라내자는 것입니다.

비즈니스를 이해하기 쉬운 기업과 투자하기 쉬운 투자안은 비슷하지만 분명히 차이가 있습니다.

예를 들어 지금 주식시장에 있는 웬만큼 이해할 만한 기업의 시가총액에 0을 하나 더 붙여보면 거의 반드시 최악의 어려운 투자안이 될 겁니다. 반대로 0을 하나를 빼보면 아마도 대단히 쉬운 투자안이 됩니다. '투자안'이란 항상 가격을 고려해야 합니다. 쉬운 비즈니스를 하는 기업이라도 지금 가격이 대단히 높다면 적어도 지금은 투자하기 쉽지 않은 주식이 될 수도 있습니다.

반대로 다소 이해하기 어렵거나 수익성이 많이 떨어지는 비즈니스를 하는 기업이라도 가격이 터무니없이 싸다면 투자하기 쉬운 주식이 될 수도 있을 것입니다.

니다. 합리적인 가격이라면 완전히 새로운 사업을 매수하는데도 거침이 없었습니다. 주가 하락시점에 자사주 매입을 적극적으로 사용한 것도 중요한 공통점입니다.

자사주 매입보다 더 가치 있는 투자처를 찾을 수 없다면 자사주 매입이 최선이라는 것은 평범한 진리이지만, 실제로는 대부분의 CEO들이 기피하는 일이기도 합니다. 하지만 이 책에 등장하는 CEO들은 통상 남들이 기피하는 것에 대한 일체의 거부감이 없습니다. 항상 최선을 다해 자신들의 목적인 '주주이익의 극대화'에 집중합니다.

『현금의 재발견』을 읽는 내내 이런 점이 흥미로웠고, 또 이런 CEO를 찾을 수 있다면 인생에 큰 기회를 잡을 수 있겠다는 생각이 들었습니다.

또한 이 CEO들은 가치와 가격의 비교라는 가치투자의 원칙을 사업과 인수합병 거래에 있어서도 그대로 적용하고 있습니다. 그리고 주주의 이익에 부합하지 않아 보이는, 멋진 사옥을 매입하거나 불필요한 의전 등에는 공통적으로 전혀 관심이 없습니다.

영화 〈머니볼〉의 빌리 빈 단장의 사고방식과도 여러 가지로 비슷한 면이 있어 보입니다. 항상 팀의 '승률'을 높이기 위해 최선의 방법을 찾는다는 점에서 말입니다. 어느 분야든 간에 해당 분야에서 '대가'로 불리는 인물들은 이렇게 서로 통하는 면이 있기 마련입니다.

열두 번째 대화

실적 전망과 장기투자

아는 만큼만 보이는 법이다

Q. 그럼 실적개선주에 투자하는 것은 가치투자인가요? 실적개선주와 가치투자의 관계가 궁금합니다.

A 남들보다 더 잘 안다면 모르겠지만, 남들만큼만 알거나 그보다도 알지 못한다면 굳이 실적개선주에만 투자할 이유는 없습니다.

현 시점에서의 기업에 대한 기대는 이미 주가에 충분히 반영되어 있는 경우가 많습니다. 오히려 실적이 앞으로 좋아질 것으로 확실시 되는 기업은 이미 엄청나게 비싸진 경우도 많기 때문에 딱히 실적개선주에 투자하는 것이 가치투자와 직결된다고 보기는 어렵습니다.

기업의 실적은 기업의 가치를 평가하기 위한 중간성적표 정도로 봅니다. 내가 생각하는 방향이 어느 정도 타당하다면 실적도 그에 맞추어 나올 것입니다. 다만, 여러 분기가 지나도록 내가 생각하는 방향과 어긋나게 흘러간다면, 그것은 최초의 분석이나 평가가 잘못되었을 가능성이 매우 높습니다.

따라서 다시 한 번 꼼꼼하게 되짚어볼 필요가 있겠지만, 대부분의 경우 주가는 이미 크게 떨어져 있는 것을 감수해야 할 것입니다.

Q. 장기투자에 대해서는 어떻게 생각하시나요? 가치투자와 장기투자는 어떤 관계가 있을까요? 많은 가치투자자들이 장기투자를 강조하는 이유는 뭔가요?

A. 아무래도 가치투자는 장기투자와 연관되기 쉬운 부분이 있습니다. 기업의 가치는 단기간에 바뀌기 매우 힘들고, 재평가되는데도 상당한 시간이 필요한 경우가 많기 때문입니다.

하지만 가격과 가치의 차이를 보고 의사결정을 했으면 모두 가치투자라고 본다면, 결과적으로 가격이 단시간에 급등했다고 해서 그게 가치투자가 아니라고는 볼 수 없을 것 같습니다.

다른 투자자들에 비해 가치투자자들이 기다리는 것 자체를 덜 두려워하기는 합니다만, 기다림 자체를 좋아하는 투자자는 없습니다.

많은 가치투자자들이 장기투자를 강조하는 가장 큰 이유는 주식이라는 자산에 대해서 인간의 본성이나 주식시장의 구조가 잦은 매매를 유도하고 장기투자를 힘들게 만들기 때문입니다. 그런 점을 이성으로 억눌러야 적절한 투자 기간이 나옵니다.

한 자리에서 게임을 8시간 하는 것은 어쩌면 쉬울지 모릅니다. 하지만 8시간 내내 공부를 하기는 쉽지 않습니다. 따라서 이성적으로 공부시간을 늘리고 게임시간을 줄이려고 노력해야 균형을 맞출 수 있습니다. 주식시장에서도 그렇습니다. 너무 느긋한 투자자가 있어서 주식을 더 빨리빨리 사고 좀 더 급하게 팔라고 조언해야 할 상황은 아직까지 제게는 단 한 번도 없었습니다. 앞으로도 없을 것 같습니다.

Q. 위대한 기업이나 앞으로 세상을 바꿀 혁신적인 기업을 찾는 것이 가치투자자들 아닌가요?

A. 그것은 가치투자에 대한 큰 오해라고 생각합니다. 아무리 훌륭한 기업이라고 하더라도 가격을 고려하지 않는 가치투자는 있을 수 없습니다.

앞으로의 성장에 대한 예상은 가치를 측정할 때 반영하면 됩니다. 앞으로 어마어마하게 성장 할 것이라고 기대되는 기업의 미래 성장 가능성을 가치평가에 제대로 반영했다면 본질가치는 현재 주가보다 훨씬 높게 나올 수 있습니다. 단순히 과거의 PER이나 1년 정도의 포워드 PER만을 보고, 또는 PBR을 보고 기업이 저평가되어 있는지 고평가되어 있는지를 판정하는 것이 위험한 이유이기도 합니다.

중요한 것은 위대한 기업이라고 하더라도 엄청나게 비싸면 투자자는 손해를 보기 쉽다는 것입니다. 편의점에 있는 어떤 제품이라도 0을 하나 더 붙이면 최악의 가성비를 갖는 제품이 될 겁니다. 주식도 마찬가지입니다. 어떤 주식이라도 뒤에 0을 하나 더 붙이면 살 만한 기업은 하나도 없습니다.

주식시장에서 투자자의 목적은 돈을 벌기 위함입니다. 내가 투자한 기업이 세상을 바꾸면 좋겠지만, 꼭 그러지 못하더라도 투자 대상으로는 충분히 훌륭할 수 있습니다.

반대로 세상을 바꿔놓을 만한 기업이라도 가격이 어마어마하게 비싸다면 투자 대상으로는 굉장히 끔찍한 재앙이 될지도 모릅니다.

애플이나 구글의 경우로 본다면, 과거 20년 정도로 돌아갔을 때 그 시점에서의 애플이나 구글의 가치도 그 때 당시 이익의 100배나 자산의 10배 정도는 충분히 되고도 남았지 않을까 생각합니다. 그러면 PER 100배나 PBR 10배에 샀어도 충분히 저평가된 가격에 잘 산 것이 될 수 있습니다. 지금의 애플이나 구글이 아니라 20년 전에 대한 이야기이기는 합니다만, 지금도 충분히 그럴 만한 기업은 있을 것입니다.

> 기업가처럼 투자하라.
> 주식투자가 내 사업인 것처럼 투자하고
> 내가 투자하는 기업들이
> 하나부터 열까지 모조리 나의 소유인 것처럼 행동하라.
>
> — 폴 오팔라

Q. 이 부분은 조금 더 설명이 필요할 것 같습니다. 앞으로 가치가 크게 오를 기업을 택하는 것이 가치투자 아닌가요?

A. 다시 강조하지만 오해입니다. 본질가치를 계산하는 과정에서 앞으로의 성장의 가능성은 포괄해서 평가됩니다. 그리고 이미 위대한 기업으로 지칭되는 기업에 투자하는 것과 앞으로 위대한 기업이 될 가능성이 있는 기업을 미리 알아보고 투자하는 것은 완전히 다른 각도에서의 투자입니다.

이미 위대한 기업이고 앞으로도 꾸준히 좋은 결과를 낼 기업에 대한 투자는 적정한 가격이 가장 문제가 됩니다. 이미 수많은 사람들이 보고 있기 때문에 엄청나게 싼 가격에 살 수 있을 가능성은 현실적으로 매우 낮습니다. 달리 말해 이 기업이 좋다는 것을 모두가 알고 있고 대단한 기대를 받고 있는 시기라면 본질가치보다도 훨씬 더 비싼 가격에 팔리고 있을 가능성은 상대적으로 매우 높습니다.

따라서 이런 기업들의 경우 싼 가격은 고사하고 적정한 가격이 올 때까지 기다리는 것도 큰 인내심과 냉정한 통찰이 필요합니다.

앞으로 위대한 기업이 될 가능성이 있는 기업이 10배 오를 상황을 찾는 것은 가치투자의 이론대로라면 내가 생각하는 기업의 가치와 시장이 지금 평가하고 있는 가치가 10배 정도 차이가 나는 상황입니다. 이 때 나는 맞고 시장이 틀렸다면 말씀대로 10배나 100배의 수익률도 나올 수 있습니다. 내가 보는 그 기업의 가능성과 시장이 보는 가능성이 완전히 다를 때 이런 상황이 생길 수 있습니다.

축구로 따지면 예선도 겨우 통과한 국가가 결승이나 4강에 가는 것이고, 야구로 따지면 신인 드래프트에서 꼴찌로 간신히 통과한 선수가 1군 주전이 되는 것과 같습니다. 그만큼이나 어려운 일이라고 생각합니다.

> 좋은 주식을 잘 골라 제대로 투자했다면
> 그 주식을 팔아야 할 시점은 거의 영원히 찾아오지 않는다.
>
> – 필립 피셔

Q. 가치가 오른 것이 아니라 시장이 가치를 못 알아봐야 한다?, 이게 맞는 건가요?

A. 네. 가능성이 시간이 지나 현실이 되면서 가치도 상당히 오르기는 할 겁니다. 하지만 기본적으로 본질가치는 미래의 가능성까지 포괄하는 개념으로 봐야 합니다.

지금 위대한 기업이라 평가받는 대부분의 기업들은 과거 20년이나 30년을 거슬러 올라가도 그때의 가격보다는 본질가치가 훨씬 높았을 가능성이 매우 높습니다.

대신 그것을 그 시점에 정확히 알아볼 수 있었던 사람들은 매우 소수였을 겁니다. 아마 실제로 그 때 투자했던 분들이라고 하더라도 그 시점에는 이 기업이 그렇게 위대한 기업이 될 수 있을지 반신반의하지 않았을까 싶기도 합니다.

텐 배거ten bagger, 그러니까 10루타 또는 10배 수익률의 가능성이 있는 기업이 실제로 텐 배거가 되는 확률은 알 수 없지만, 생각보다는 높지 않을 것이라고 생각합니다. 저도 이전에는 텐 배거의 가능성을 중요하게 보았지만, 지금은 2배짜리 기업을 세 번 연속해서 찾았는데 우연히 그 기업이 같은 기업이었다면 그것이 텐 배거가 되는 것이라고 저는 생각하고 있습니다.

Q. 그래도 좋은 기업, 그러니까 우량주를 갖고 있는 것이 낫지 않을까요? 부실기업에 대해서도 가치투자가 가능할까요?

A. 초보자인 경우는 아무래도 좋은 기업을 사는 것이 낫습니다. 이익을 꾸준히 내고 있는 기업은 주식시장에서 이를 테면 '쉬운 문제'에 속합니다.

반면, 부실기업은 '매우 어려운 문제'와 같습니다. 물론 문제를 풀었을 때의 보상은 클 수도 있습니다. 하지만 대부분 초보자가 풀기에는 너무 어려운 문제입니다.

특히, 부실기업의 경우 큰 인내심을 요구하는 경우가 많습니다. 기업이 구조조정을 통해서 살아나는데 몇 년 정도 걸리는 것은 신기할 일이 아닙니다. 하지만 대부분의 초보자들은 그만큼 오래 버티지 못합니다. 적자가 몇 년씩 나고 있는 것을 본인이 매긴 가치를 믿고 버틸 수 있다면, 이미 초보가 아닙니다.

상식적으로 내가 주식시장에서 자신이 없으면 기업이라도 자신이 있어 보이는 곳을 찾는 것이 맞지 않을까요? 좋은 기업을 비싼 가격에 사는 것도 좋은 것은 아니지만, 애매한 기업을 애매한 가격에 사는 것보다야 나을 겁니다.

대부분의 개인투자자들은 부실기업을 피하는 것이 맞습니다. 물론 본인이 이 분야에 대해 충분한 노하우가 있다면 부실기업은 대단한 기회가 될 수도 있습니다. 어려운 문제를 되도록 풀지 않는 것이 좋겠지만, 그래도 풀어야 할 가치가 있는 어려운 문제도 있습니다. 그런 것을 볼 수 있는 안목이 있다면 부실기업에 정말 훌륭한 기회가 많을지도 모릅니다.

하지만 현실적으로 부실기업을 제대로 평가할 수 있을 정도의 지식이나 경험이 있는 투자자는 매우 소수일 수밖에 없습니다. 대부분의 개인투자자들에게는 상식적인 기업, 그러니까 돈을 벌고 있는 기업이나 적어도 가까운 시일 내에 돈을 벌 수 있을 만한 기업을 고르는 것이 훨씬 낫습니다.

다리를 건설할 때 건축가는
기껏 1만 파운드의 차량이 지나갈 것임에도
3만 파운드의 하중을 견디도록 설계한다.
투자에서도 마찬가지이다.
충분한 안전마진을 확보하라.

— 워런 버핏

Q. 그렇다면 부실기업에 투자하는 노하우가 따로 있을까요? 부실기업의 가치를 평가하는 방법이 있을까요?

A. 저도 부실기업에 대해 전문가가 아닙니다. 기본적인 수준에서 답하자면, 철저하게 개별적으로 접근해야 한다고 생각합니다.

정석적인 접근이라면, 일단 부실의 원인을 먼저 봐야 할 것입니다. 속해 있는 업종은 호황인데 다른 기업들에 비해 경쟁력이 부족해서 혼자 망한 경우라면 재기하기가 쉽지는 않을 겁니다. 반대로 업종 전체가 불황이라 다 같이 상황이 어려운 것이라면 앞으로 산업 전체의 재편이 일어나면서 업황이 개선될 수 있을지를 따져봐야 할 것입니다.

확실한 것은 망하는 이유는 많지만 살아날 수 있는 이유는 적다는 것입니다. 운과 상황과 실력이 모두 잘 맞아야만 합니다.

부실기업까지는 아니더라도 적자기업의 경우 투자할 때가 간혹 있습니다. 대체로 업황이 아주 좋지 않아 지금은 적자를 내고 있지만 원가구조나 재무구조 면에서 적어도 경쟁사보다는 오래 살아남을 수 있을 것 같은 기업들입니다.

비유하자면, 이 기업이 링거를 맞아야 할 정도로 업황이 안 좋아졌을 때 이 기업의 경쟁사들은 모두 파산할 것이라고 확신이 드는 경우에는 설령 지금 적자를 내고 있다고 하더라도 투자할 수 있을 것 같습니다.

Q. 안전마진은 절대적이지 않다고 보시는 건가요? 안전마진이 없다고 생각되는 기업에도 투자할 수 있다고 보십니까?

A. 네, 그렇습니다. 만약 본인이 경험적으로 적정가 수준, 그러니까 내가 생각하는 기업의 가치와 해당 기업의 가격이 거의 비슷할 때 가장 좋은 성과를 냈다면 적정가 수준에 투자하는 것이 더 합리적일 수도 있습니다.

조금 더 구체적으로 보겠습니다. 내가 생각하는 기업의 가치보다 '조금 비싸서' 사지 못한 기업이 있습니다. 그런데 이 기업이 대단히 좋은 결과를 내는 모습을 반복적으로 보았다면, 안전마진이 마이너스인 상태라도 투자할 수 있습니다. 그러니까 내가 생각하는 기업의 가치보다 가격이 조금 더 비싼 기업들에 투자하는 것이 더 본인에게 잘 맞는 투자 방법일 수 있다는 겁니다.

사람으로 따지자면 항상 무모하게 도전을 해서 손해를 크게 보는 사람이 있다면 일부러라도 행동을 좀 늦추는 것이 좋고, 반대로 항상 도전을 머뭇거리다 포기해서 손해를 보는 사람이 있다면 좀 애매한 부분이 있더라도 도전을 하는 것이 더 좋은 결과를 가져올 수 있습니다.

물론 이런 결정을 하는데 있어서는 투자한 기업들뿐만 아니라 투자를 포기한 기업에 대해서까지도 지속적인 관심과 관찰이 있어야 할 것입니다.

Q. 마지막으로, '주도주'나 '테마주'를 찾아 투자하고자 하는 사람들이 많습니다. 가치투자자의 관점에서 주도주나 테마주는 어떻게 해석해야 할까요?

A. 시장의 기대는 항상 차이가 나고, 시장에서 특히 주목받는 산업이나 기업은 언제나 있기 마련입니다. 심지어 주가가 크게 떨어질 때도 KT&G나 SK텔레콤과 같은 기업은 다른 기업에 비해 좋은 성과를 낼지도 모릅니다.

물론 일반적으로 주도주는 주가가 전반적으로 상승하는 상황에서 특히 뛰어난 성과를 거두는 경우를 의미하지만, 시장의 상황과 상관없이 상대적으로 기대를 받는 기업이나 업종 그리고 상대적으로 소외되는 기업이나 업종은 반드시 존재합니다.

가치투자자의 입장에서 주도주는 매우 투자하기 어려운 대상입니다. 주가가 전반적으로 오르는 상황에서의 주도주는 시장의 관심을 엄청나게 받고 있기 때문에, 실제 가치에 비해서 훨씬 더 고평가되어 있을 가능성이 높습니다. 기업의 좋고 나쁨을 떠나서, 싸게 살 수 있는 기회가 웬만해서는 없기 때문에 투자하기 어려운 것입니다.

테마주의 경우 관심이 집중되었다기보다는 예상하지 못한 극적인 변동이라고 보면 됩니다. 특히 테마주는 대체로 기업 자체로서는 전혀 가치가 없는 경우가 많습니다. 그런 점에서 주도주와는 비교적 분명한 차이점이 있습니다. 비유하자면 주도주는 웃돈을 얹어주고 사는 정도이지만 테마주는 쓰레기를 돈을 주고 사는 것과 같습니다.

========== 권 교수의 ZOOM IN ★★★

잘 훈련된
'소비자의 눈'으로 투자하라

  모든 기업이 본질가치를 가지고 있다고 하더라도, 그 본질가치를 정확하게 알아보는 것은 신이 아닌 바에야 절대 불가능합니다. 그러니까 정확히 알려고 엄청난 노력을 할 필요까지는 없습니다. 본질가치를 정확하게 알려고 애쓰는 것이 오히려 눈을 흐리게 할 때도 많습니다.

  예를 들어 오늘 점심으로 김치찌개가 먹고 싶다고 가정해보겠습니다. A식당에서는 김치찌개 1인분에 7,000원이고 B식당에서는 8,000원입니다. 그렇다면 A식당에서 먹는 것이 B식당에서 먹는 것보다 딱 1,000원만큼 불만족스러울까요? 아마도 그렇지는 않을 것 같습니다. A식당에서도 만족스러울 수도 있고, B식당에서도 만족스러울 수 있습니다. 그럴 때는 아무데나 가면 됩니다. 만약 내가 생각하기에 김치찌개 1인분에 7,000원도 너무 비싸다고 생각하면 둘 다 안 가면 그만입니다.

우리는 김치찌개의 본질가치에 대해 이미 충분히 훈련되었기 때문에 이런 결정은 놀랍게도 수월하게 이루어집니다.

점심시간에 어떤 식당을 갈지를 결정하는 것과 주식을 고르는 것은 본질적으로 비슷합니다. 가격이 저렴한데 만족스러운 주식이 최우선입니다. 가격이 적당한데 훌륭한 주식도 고려할 수 있습니다. 그렇다면 가격이 애매한 경우에는 손대지 않으면 그만입니다. 마지막으로, 가격만 엄청 비싸고 별로인 주식이거나 훌륭한 주식이지만 가격이 어마어마하게 비싸면 애초부터 고려할 필요가 없습니다.

문제는 우리가 김치찌개의 본질가치에 대해서는 잘 알고 있지만, 주식의 본질가치에 대해서는 잘 알지 못한다는 사실을 쉽게 인정하지 못한다는 것입니다.

결과적으로 많은 투자자들이 본질가치와는 상관없이 '아무렇게나' 주식을 사고파는 이유가 바로 여기에 있습니다.

놀라운 것은 점심시간에는 가격과 맛을 대단히 엄격하게 따지는 많은 사람들이, 투자에서는 가격이 엄청 비싸고 별로인 주식을 산다는 것입니다. 아마도 직접 먹을 것이 아니라 '팔' 생각으로 사기 때문이라고 생각합니다.

결론을 짓자면, 대부분의 투자자들은 좋은 기업의 주식보다는 오를 주식을 사는데만 관심을 둡니다. 여기서 명백한 것은 가격이 엄청 비싸고 별로인 주식을 사고 싶어 하는 투자자는 점점 적어질 수밖에 없다는 것이고, 잘못하면 내가 마지막 손님이 될 수 있다는 것입니다.

열세 번째 대화

우선순위와 트레이딩

주식을 팔려면 배우자에게 먼저 물어보라

Q. 이번에는 주식투자금의 우선순위에 대해 이야기를 나눠봤으면 합니다.

A. 이론적으로 볼 때는 주식투자에 들어가는 돈은 앞으로 몇 년간 쓸 일이 없어야 하는 돈이지만 대부분의 개인투자자들은 그럴 수 없습니다. 하지만 투자를 할 때 가치와 가격 이외의 요인으로 방해받는 것은 대단히 위험합니다. 그렇다고 빚을 0으로 만들고 투자에 나서는 것 또한 현실적이지는 못합니다. 절충점으로 제안하는 것이 주식투자금의 위치를 적어도 적금보다 높게, 최소한 보험 정도로 높게 놓는 것입니다.

쉽게 말해서 내가 지금 급히 돈이 필요하다고 할 때, 적금을 깨는 것이 주식을 파는 것보다 먼저여야 합니다. 최소한 이 정도까지는 주식투자금의 위치를 충분히 높여둘 필요가 있습니다. 원활한 투자를 위해서는 적어도 보험을 깰 정도의 상황이 아니고서는 주식투자금에 손을 대서는 안 된다고 생각합니다. 이 정도는 되어야 가치든 가격이든 상관없이 돈이 필요해서 주식을 파는 상황을 배제할 수 있다고 생각합니다.

Q. 그렇다면 어떤 상황을 가정할 수 있을까요? 돈을 써야 할 일은 굉장히 많은데 구체적으로 어느 정도를 생각하면 될지 궁금합니다. 확실한 사례가 있으면 이해하기 쉬울 것 같습니다.

A. 방금 보험과 비슷한 순위에 놓아야 한다고 말씀드렸는데, 예를 들자면 자동차를 산다고 했을 때 보험을 깨서 자동차를 사는 경우는 없을 것 같습니다. 만약 생활비나 병원비라고 한다면 보험을 깰 수도 있겠죠. 적어도 그 정도의 순위에는 놓아야만 외부요인의 간섭을 배제했다고 말할 수 있겠습니다.

손에 쥔 새 한 마리가 숲 속의 두 마리보다 낫다.

― 이솝

Q. 주식을 파느니 적금이나 보험을 해약하라는 말은 대단히 강경하게 들립니다. 아마 동의하지 못하는 분들이 대부분일 것 같습니다. 이 문제에 대해서 그렇게 생각하는 이유를 구체적으로 듣고 싶습니다.

A. 주식시장에서 합리적인 판단을 거듭 내리는 것 자체도 정말 힘든데, 그 외의 요인들로 주식을 팔아야 하는 상황이 계속해서 나온다면 좋은 결과가 나오기 대단히 힘듭니다.

아직까지도 주식투자를 '비상금으로 한다'거나 '남는 돈을 잠시 운용해서 용돈을 좀 벌기 위한 수단' 정도로 가볍게 생각하시는 분들이 많은 것 같습니다. 하지만 팔기 쉽다고 해서 쉽게 사고, 또 쉽게 판다면 결과가 좋을 리가 없습니다.

주식은 그냥 놔두는 것 자체가 가장 힘듭니다. 가능하다면 부동산을 파는 것에 준하는 정도로 우선순위를 높여두는 것이 좋겠지만 그것도 현실적으로는 어렵습니다. 그래도 최소한 적금이나 보험을 해약하는 정도의 위치에는 놔둬야 합니다. 그 정도로는 강경하게 통제해야만 외부요인에 의한 불가피한 매매를 조금이라도 줄일 수 있습니다. 주식에 장기투자를 하기 어려운 이유로 개인투자자들이 주식의 높은 변동성을 견디지 못하기 때문이라고 알려져 있습니다. 하지만 그것은 주식을 길게 보유하는 경험을 몇 번만 해보아도 충분히 극복이 가능하다고 생각합니다.

투자실력이 늘면 늘수록 외부요인이 제대로 정리가 안 되어 있으면 제대로 된 성과를 내기 어렵습니다. 개인투자자는 자금유출에 대한 강한 압박에 시달리는 펀드매니저와 같습니다. 만약 결혼을 했다면, 우선순위에 대해서는 배우자의 동의를 미리 받아두는 것도 필요할 수 있습니다. 그것이 안 될 상황이라면 주식투자 금액을 그게 가능할 정도로 줄이는 것이 훨씬 낫습니다.

Q '주식은 불로소득'이라는 말에 대해서는 혹시 어떻게 생각하시나요?

A 전적으로 동의하지 않습니다. 주식에 투자하는 것은 동네에서 편의점을 개점할 때 돈을 댄 사람과 일을 하는 사람이 다른 상황과 비슷합니다. 편의점이 잘 될 때는 일 하는 사람의 월급을 제외한 나머지 이익 대부분을 돈을 댄 사람이 가져갑니다. 하지만 편의점이 망하면 돈을 댄 사람은 투자한 돈을 모두 잃을 수밖에 없습니다.

성공적인 결과의 뒷면에는, 대부분 그만큼의 위험이 있습니다. 투자의 결과는 크든 작든 위험을 감수한 대가입니다. 따라서 위험을 지지 않은 사람들이 위험을 진 사람이 얻은 이익에 대해 불로소득이라고 비난하는 것은 매우 적절치 않다고 생각합니다.

위험을 지지 않았다는 것은 '돈이 일하지 않도록 한 것'이고, 그것 또한 본인의 선택입니다. 위험을 지지 않겠다는 선택이 존중받아야 한다면, 위험에 대한 대가를 받는 것도 존중받을 필요가 있습니다.

Q. 투자의 경우 동의할 수도 있다고 생각하지만, 주식시장에서 매매로 돈을 버는 분들도 많습니다. 그런 분들도 불로소득이 아닌가요?

A. 매매로 돈을 버는 분들은 주식의 가치나 기업이 돈을 버는 것과는 크게 상관이 없는 일종의 게임을 하고 있는 것이라고 생각합니다. 게임에서 계속 이길 수 있다면 돈을 벌 수 있겠지만, 저는 그럴 수 있는 방법을 찾지 못했기 때문에 하지 않을 뿐입니다.

트레이더들은 주식뿐만 아니라 홀짝이든 가위바위보든 암호화폐든 무엇을 주더라도 돈을 벌 수 있다고 생각할 것입니다.

저는 트레이더들이 '돈을 잃을 수 있는 가능성'에 대한 비용을 지불하고 있는 것이라고 생각합니다. 하루하루 게임에서 이기면 돈을 벌지만, 게임에서 지면 돈을 잃는 것이 확고한 룰입니다. 실제로 잃었든 잃지 않았든 간에 '잃을 가능성'이 있었으면 그것은 비용을 낸 겁니다.

트레이더와 투자자는 주식시장에 같이 머무르고 있을 뿐, 바라보는 방향은 완전히 다르다고 생각합니다.

Q 트레이더들이 실제로는 비용을 지불하고 있다? 잘 이해가 가지 않습니다.

A 복권을 사는 것과 비슷하다고 생각하면 가장 간단할 것 같습니다. 복권이 계속 맞으면 돈을 계속 버는 것입니다. 그것이 딱히 문제는 아닙니다. 말하자면 참가비를 내고 당첨될 가능성을 사는 것과 같습니다. 대신 복권이 안 맞으면 돈을 잃겠죠.

누구든 간에 매번 맞는 복권을 고를 수 있는 특별한 능력이 있다면, 매매는 가장 큰 돈을 버는 방법일수도 있습니다. 확실한 것은 저는 그런 놀라운 방법은 안타깝게도 알지 못합니다.

Q 한국에서는 대체로 과도한 자본소득 혹은 불로소득에 대해 부정적인 견해들이 많습니다. 자본소득에 대한 과세를 더 강화해야 한다는 의견은 어떻게 보시나요?

A 자본소득이든 노동소득이든 세금을 부과할 수 있음은 당연하고, 그 기준을 국회에서 정하는 것 또한 당연합니다. 다만 각각의 정책에 대해 의견이 다를 수는 있겠습니다.

저는 소득세에 대한 누진과세는 찬성합니다. 주식에 대해서 거래세를 폐지하고 양도세를 신설하는 것에 대해서는 반대합니다.

부동산에 대한 과세는 필요하다고 생각하지만, 불로소득을 환수하는 것 자체가 세금의 궁극적인 목적일 필요는 없다고 생각합니다.

따라서 양도세나 보유세를 다른 소득에 비해 차별적으로 높이는 것에 대해서는 반대합니다. 최근에 보면 불로소득에 대한 과세의 이유로 '징벌적'이라는 표현을 많이 붙입니다만, 불로소득에 대해 특별히 징벌적인 과세를 해야 할 필요도 없다고 생각합니다.

Q. 노동소득이나 부동산에 대한 견해는 흥미롭기는 하지만 다소 흐름에서 벗어난 것 같습니다. 다시 주식투자로 돌아가서 거래세를 폐지하고 양도세를 신설하는 것에 반대하는 특별한 이유가 있으신가요?

A. 개인적인 이유입니다. 주식에 관련된 정책은 가급적이면 장기투자를 유도하고 매매를 억제하는 방향으로 기능해야 한다고 생각하기 때문입니다. 거래세를 폐지하고 양도세를 신설하는 것은 정확히 그 반대로 기능할 것이 예상되기 때문에 반대하는 것뿐입니다.

만약 양도세를 신설하지만 주택과 같이 장기보유특별공제 등을 제공한다면 그 의견에는 찬성입니다.

━━━━━━━━━━━━━━━━━━━━━━━ 권 교수의 ZOOM IN ★★★

손절매는 손실을 막아주지 못한다

성공한 투자자들 사이에서 의견이 확연하게 갈리는 것이 손절매인 것 같습니다. 손절매가 꼭 필요하다는 시각과 가치투자자라면 손절매는 필요없다는 시각이 바로 그것입니다.

여기에 대해 정확하게 짚어나가기 위해서는, 먼저 '손절매'라는 의미를 명확하게 해둘 필요가 있습니다.

손절매를 단순히 손실을 내고 매도하는 행위로 정의한다면, 가치투자자는 손절매를 두려워하지 않습니다. 하지만 손절매를 주가가 떨어졌을 때 추가적인 손실을 막기 위해 매도하는 행위로 정의한다면 손절매는 가치투자자와는 인연이 없을 것입니다.

가치투자자의 모든 행동은 주가가 아닌 기업의 본질가치와 주가의 차이에서 시작됩니다. 따라서 현 시점에서 기업의 본질가치에 비해 주가가 싸다면 사는 것이고, 비싸면 파는 것입니다. 여기에서 그 기업을 얼마에 샀는지는 중요하지 않으며, '손실 여부'는 판단의 근거가 되지 못합니다. 모든 판단은 현재의 기업가치와 현재의 주가라는, 이 2가지를 그때그때 저울에 달아봄으로써 결정하게 됩니다.

따라서 가치투자자는 손실을 내고 매도할 수 있습니다. 기업의 본질가치가 어떤 이유든지 간에 현재의 주가보다 낮다고 생각하면 매도해야 합니다. 그 이유는 기업에 대해 잘못 파악한 투자자의 실수일 수도 있고, 예상 불가능한 천재지변일 수도 있으며, 산업의 사이클이 변동되었거나 막강한 라이벌이 등장해서일 수도 있습니다. 이유를 불문하고 기업의 본질가치가 주가보다 떨어지는 상황이 나타났다면, 가치투자자로서 매도하는 것은 매우 훌륭한 선택입니다.

반면, '기계적인 손절매'는 가치투자자에게는 매우 생소한 단어입니다. 기업의 본질가치가 변하지 않았는데 주가만 떨어졌다면 그것은 더 많이 투자할지를 고민해야 할 상황이지 손절매를 고민할 상황은 아닙니다. 만약, 기업의 가치도 같이 떨어졌다면 주가가 떨어진 폭과 가치가 떨어진 폭을 같이 고민해서 결정하게 될 것입니다.

결론적으로 가치투자자라면 손해를 보고 파는 것을 두려워할 필요도 없지만, 주가가 떨어졌다는 이유만으로 기계적인 손절매를 해야 할 필요도 없다고 생각합니다.

열네 번째 대화

레버리지

맞추면 두 배로 올라가지만,
틀리면 두 배로 떨어진다

Q 레버리지에 대해 어떻게 생각하시나요? 큰 부자가 되려면 레버리지를 잘 써야 한다는 분들이 많습니다.

A 주식으로 큰 돈을 버신 분들 중에 레버리지를 쓴 분들은 매우 흔합니다. 초기투자금이 작을 때 레버리지를 적극적으로 쓰라고 권하는 경우도 보았습니다. 하지만 한 가지 중요한 문제는 레버리지를 '잘' 쓰는 것이 정말 가능할까의 문제입니다.

그러니까 실력이 좋으면 레버리지로 올라가는 위험까지도 실력으로 통제할 수 있느냐는 것인데, 그동안의 사례들을 보면 전혀 그렇지 않아 보입니다.

실력이 좋다는 것은 돈을 벌 확률이 높다는 것입니다. 그럼 실력 있는 사람이 레버리지를 쓰면 거기에 2배든 3배든 더 벌 수 있는 것은 당연합니다. 하지만 수익률은 실력과 운의 결과입니다. 실력이 아무리 탁월해도 운이 극단적으로 좋지 않으면 수익률이 엄청나게 나쁠 수 있습니다. 그리고 레버리지는 그 결과에 대해서 냉정하게 곱하기를 해줄 뿐입니다.

결과적으로 보면, 실력이 있는 분들은 레버리지 때문에 성공했다고 하지만, 마찬가지로 실력이 있는 분들도 큰 돈을 잃을 수 있는 이유가 레버리지 때문이기도 합니다.

레버리지는 그냥 '더블 찬스' 같은 것이라고 생각합니다. 퀴즈 프로그램에서 맞추면 두 배의 점수를 주지만 틀리면 두 배의 점수를 감점하는 것과 같습니다.

레버리지의 결과는 굉장히 정직합니다. 거기에 실력이 개입할 여지는 거의 없다고 저는 생각합니다.

현명한 투자자는 향수를 사듯이 주식을 사지 않는다.
식료품을 사듯이 주식을 산다.

― 벤저민 그레이엄

Q 아직도 주식투자를 무서워하거나 꺼려하는 분들이 많은 것 같습니다.

A 운전하고 비슷한 것 같습니다. 운전을 안 하고 살면 불편한 것과 같이, 여러 투자수단 중 주식투자를 아예 배제해버리는 것은 기회를 놓치는 게 될 수 있습니다.

주식투자를 무서워하는 것에 대해서는 나쁘지 않다고 생각합니다. 주식투자를 우습게 보는 분들이 가장 쉽게 많이 잃습니다. 무서움이 신중함으로 이어지고 신중함이 공부로까지 이어지면 최고의 경우가 될 것입니다.

아마 물어보시려고 하는 것은 주식투자가 두려워서 시작조차 꺼려하시는 분들을 위한 질문인 것 같습니다. 그런 분들에게는 가장 가까운 곳에서 투자할 만한 기업을 먼저 찾아서, 더도 필요 없고 딱 한 주를 사보라고 권하겠습니다.

본인이 직접 구입해봤거나 이용해서 만족했던 제품 또는 서비스를 제공하는 기업이라면 안성맞춤입니다. 해당 기업의 특급 정보까지 알 필요도 없습니다. 그냥 내 카드명세서에 계속해서 이름이 찍혀 나오는 기업 가운데 한 곳이면 됩니다.

그런 기업의 주식을 한 주 사보는 것이 주식투자에 있어서 가장 좋은 시작이 아닐까 싶습니다.

Q 주식투자라는 것 자체에 대해 부정적인 견해를 갖고 계신 분들이 있습니다. 마치 경마나 도박 정도로 보기도 합니다. 특히 직장에서 주식투자를 하는 경우는 비난의 대상이 됩니다.

A 모바일로 주식거래가 쉬워지면서 업무시간에 주식거래를 하는 분들이 많은 것 같은데, 부정적으로 보일 여지가 많다고 생각합니다. 주식은 게임과 같은 속성이 있어서, 아무래도 업무 중에 하게 되면 집중력이 분산될 수 있습니다. 특히 부서장의 입장이라면 그런 부하 직원이 곱게 보일 리 만무합니다. 저 역시 업무시간 중에는 주식거래를 아예 하지 않는 것이 더 낫다고 생각합니다.

제 경우에는 예약주문을 적극적으로 활용합니다. 장중에는 주문을 내지 않고 HTS에도 들어가지 않습니다. 조금 더 싸게 사고 비싸게 팔기 위해 노력하는 것은 생각보다 전체 수익률에는 큰 의미가 없다고 봅니다. 사실 MTS나 HTS를 들여다본 시간과 수익률이 딱히 비례한다고도 생각하지 않습니다.

하루하루의 주가 변동에 대해 조금은 관찰자와 같은 입장을 취하는 것이 더 좋은 결과를 얻는데 때로는 도움이 될 수 있다고 저는 생각합니다.

Q 주식투자를 시작할 때 책을 읽는 것에 대해서는 어떻게 생각하시나요? 책은 아무 쓸모도 없다는 분들도 있고, 꼭 책을 읽고 시작하라는 분들도 있습니다.

A 안 읽는 것보다는 확실히 낫다고 생각합니다. 일단 책은 쌉니다. 같은 교훈을 책이 아니라 실전에서 배우면 기억에는 좀 더 남을지 몰라도 훨씬 더 비쌉니다. 그냥 조금 비싼 정도가 아닙니다. 딱 1,000배 정도는 더 비싸다 보면 될 것 같습니다.

책 한 권을 못 읽을 정도로 준비 없이 주식시장에 들어오면서 결과만 좋을 것을 기대한다면, 너무 안이한 것이 아닌가 싶습니다.

그리고 책이 잘못되었다기보다는 책을 읽고 책대로는 절대 안 하는 것이 더 큰 문제라고 생각합니다.

주식에 대한 교육이나 강의들도 마찬가지입니다. 물론 사기꾼들도 많지만 제대로 된 교육이나 강의들도 충분히 있는데, 문제는 아무리 훌륭한 강의라도 들은 대로 하는 분들이 별로 없다는 것이 진짜 문제가 아닐까 싶습니다.

Q 혹시 '베타'에 대해서는 어떻게 생각하시나요? 워런 버핏이나 찰리 멍거는 베타에 대해 매우 부정적인 것으로 알고 있습니다.

A 베타가 쓸모 있느냐라는 질문에 답하라고 하면, 쓸모가 있기는 하다라고 말하겠습니다.

베타가 아주 높거나 아주 낮다는 것은 적어도 그 기업이 얼마나 경기에 민감한지를 측정하는 것에는 매우 간단하면서도 쓸모 있는 지표라고 생각합니다. 가령 주가가 폭락했을 때, 베타가 높은 기업들 중에서 정말로 싼 기업들을 찾아보는 것은 들이는 노력에 비해서 성과가 엄청나게 탁월할 수 있습니다.

워런 버핏이나 찰리 멍거가 경계하는 것은, 베타를 위험을 측정하는 절대적인 척도로 사용하는 것이라고 생각합니다.

여기 3개의 기업이 있습니다. 기업 C의 베타는 0.71입니다. 기업 M의 베타는 0.60입니다. 마지막 기업 B의 베타는 0.91입니다. 단순히 베타만을 놓고 평가한다면 마지막 기업은 세 기업 중에서 가장 위험한 기업이 될 겁니다.

기업 C는 코카콜라입니다. 기업 M은 맥도날드입니다. 기업 B는 버크셔 해서웨이입니다. 셋 중 누가 더 위험한 기업인가요? 그 전에 과연 어떤 기업이 더 위험한지를 굳이 판정할 필요는 있을까요?

베타는 원래의 의미, 그러니까 지수에 대한 상대적인 민감도를 측정하는 지표로서 이해하는 것이 바람직하다고 생각합니다. 베타가 위험을 측정하는 여러 지표들 중 하나로서 기능하는 것은 맞지만, 절대적이지도 않고 절대적이어서도 안 된다고 생각합니다.

> 우리가 어떤 주식에 투자하고 있는 이유를
> 우리의 나이 어린 아들 딸도 이해할 수 있을 정도로
> 쉽게 요약할 수 있어야 한다.
>
> — 앤서니 볼턴

========== 권 교수의 ZOOM IN ★★★

개인투자자에게 급락장은 '기회'다

많은 투자자들에게 2020년 3월은 재앙과 같았습니다. 신용미수 등 부채를 쓰고 있었던 투자자라면 시장에서 버티기 힘들었을지도 모릅니다.

종합주가지수는 2월 말 1,987포인트에서 겨우 3주만인 3월 19일 1,457포인트까지 27% 급락했습니다. 3월 말이 되어서야 가까스로 1,754포인트까지 회복되었지만, 회복되기까지의 기간은 투자자에게 있어서 아마 '잠들기 힘든 밤의 연속'이 아니었을까 생각해봅니다.

피터 린치가 말한 것과 같이, 주식시장에 머물러 있는 이상 이런 재앙과 같은 급락은 필연적으로 만날 수밖에 없습니다.

주가가 떨어지면 떨어질수록 안 좋은 소식만 들리고, 세상이 당장이라도 망할 것 같이 보이기도 합니다. 그러다 어느 시점을 넘어가면서 마치 귀신에 홀린 듯 매도 버튼을 누르도록 강요하는 것이 투자자의 '본능'이라고 생각합니다. 그리고 그걸 버텨내야 하는 것이 투자자의 '이성'입니다.

맥도날드 햄버거나 백화점에서 옷을 50% 세일을 할 때는 더 사고 싶어지지만, 주식이 50% 떨어졌을 때는 팔고 싶어 하는 것이 투자자의 본능입니다. 이유는 간단합니다. 사람은 뭔가를 소비하거나 지출한다고 생각할 때는 싸질수록 좋아하지만, 뭔가에 투자한다고 생각할 때는 싸질수록 더 싸게 팔아야 할지도 모른다는 공포에 시달립니다.

이와 같은 서로 다른 감정적 변화가 결과적으로는 합리적이지 못한 선택을 유도하는 것입니다.

하지만 햄버거나 옷이나, 또는 주식이나 부동산이나 그 본질은 돈을 주고 가치 있는 것을 구매하는 것입니다. 그리고 햄버거를 먹고 느낄 수 있는 포만감이 하루나 이틀에 바뀌지 않는 것과 같이, 주식과 그 주식을 발행한 기업의 가치 또한 하루나 이틀 사이에 쉽게 바뀌는 것은 아닙니다.

그렇다면 어제는 1만 원이었던 주가가 오늘은 5,000원이나 3,000원일 때, 내가 고민해야 할 것은 2,000원이나 1,000원으로 떨어질지에 대한 고민이 아니라 더 사야 하는가에 대한 고민일 것입니다.

열다섯 번째 대화

해외투자와
금융위기

미국주식에 투자하듯이 그렇게 투자하라

Q. 해외주식에 대한 투자는 어떻게 생각하시나요? 특히 미국의 경우 한국에 비해 우량한 기업들이 많으니 미국주식에 투자하는 게 더 낫지 않느냐는 의견이 많습니다.

A. 예전에는 해외주식투자의 경우 국내주식투자에 비해 불리한 점이 많다고 생각했습니다. 특히 정보비대칭 문제가 심각하다고 봤는데, 최근에는 생각이 많이 바뀌었습니다.

일단, 개인투자자들이 국내와 해외에 투자할 때의 패턴이 너무 많이 다릅니다. 좀 더 구체적으로 보면, 미국 주식의 경우에는 스타벅스나 나이키, 애플 등에 적절히 분산해 투자하고 있습니다. 하지만 한국에서 투자를 할 때는 돌변을 합니다. 이름도 처음 들어보는 코스닥 소형주에 올인 하는 경우가 허다합니다.

아마도 미국의 소형주들은 너무 생소하고, 또 영어에 대한 압박감도 크기 때문으로 보입니다. 그래서 상대적으로 잘 알려진 다국적기업들에 분산투자를 하게 되고, 결과 또한 좋게 나오는 것이 아닌가 생각합니다. 심지어 분산의 정도도 정확하게 하시는 분들이 꽤 많습니다.

또 다른 장점은 시간대가 다르기 때문에 아무래도 매매의 횟수도 줄어드는 경향이 있습니다. 웬만해서는 망할 것 같지 않은 기업들이라 금융위기가 닥치더라도 공포에 질려서 팔아버리는 경우가 좀 더 적을 수 있습니다.

하지만 앞으로 미국 시장이 한국 시장에 비해 장기간 더 안 좋을 수도 있고, 그렇게 되면 해외투자 붐은 언제 그랬냐는 듯 사그라질지도 모릅니다.

다만, 미국 주식에 투자하던 바로 그 패턴대로만 투자한다면 개인 투자자들의 수익률이 극적으로 개선되지는 않겠으나 적어도 크게 잃는 일은 많이 피할 수 있을 것 같습니다.

Q. 지금의 해외투자 붐에 대해 긍정적이라는 말씀인가요?

A 네. 긍정적으로 보고 있습니다. 단점도 있겠지만 장점이 훨씬 더 크게 보입니다.

앞으로도 미국 시장의 수익률이 계속 좋을지는 알 수 없지만, 그것과는 또 다른 문제입니다.

물론 해외주식투자를 하더라도 한국에서 하던 것과 마찬가지로 밤새워서 매매를 한다거나 소형주에 과도하게 집중하거나 한다면, 그 효과는 크게 줄어들 수도 있다고 봅니다.

Q 세계적인 우량주에 투자하는 것이 미국 증시의 가장 큰 장점이라고 알고 있는데, 그 부분에 대해서는 어떤 의견이 있으신지 궁금합니다.

A 국내에도 우량한 기업들은 있습니다. 그런 기업들에 꾸준히 투자하는 투자자가 드물었을 뿐입니다.

그리고 한국 기업들에 비해 미국의 다국적기업들이 한국의 투자자들에게도 훨씬 더 안정감을 주는 것은 사실입니다. 기업이 망하지 않을 것이라는 확신이 투자자가 다소의 주가 등락을 무시하고 오랫동안 투자를 이어갈 수 있도록 합니다. 또 투자 기간이 길어지면서 수익률도 좋아지고, 따라서 더 오래 끌고 갈 수 있는 선순환 구조가 정착될 수 있습니다.

물론 아직까지는 확신할 정도는 아닌 것 같지만, 앞으로도 꾸준히 지금의 흐름이 이어져 나갔으면 합니다.

Q '확신할 정도는 아니다'라는 건 어떤 의미인가요?

A 미국 증시가 장기간 침체되거나 할 경우입니다. 최근 10년을 보면 기울기는 달라도 오르는 방향이었습니다. 투자자들이 성과가 전반적으로 만족스러울 수 있는 구조입니다.

하지만 앞으로는 어떻게 될지는 모릅니다. 아직까지 선순환구조가 정착되었다고 확신하기는 다소 이른 것 같습니다. 적어도 앞으로 장기적인 하락을 한 번은 겪어봐야 확신할 수 있을 것 같습니다.

Q. '위기'에 대한 경계심을 가져야 된다는 말씀으로도 들립니다. 그렇다면 '금융위기'에 대해 좀 더 설명해주신다면?

A. 금융위기 또는 경제위기에 나타나는 현상은 다양할 수 있지만, 근원적인 부분을 먼저 짚어본다면 '대중들의 미래 성장에 대한 기대치가 급격하게 변동하는 현상'이라고 보면 될 것 같습니다.

이와 같이 기대치의 급박한 변경은 주가 급락이라든가 환율 급등, 안전자산에 대한 과도한 선호 같은 다양한 현상들로 발현될 수 있습니다.

금융위기와 일반적인 경기 침체를 구분해서 볼 부분은, 기대치의 변화가 서서히 일어나는지, 또는 급격하게 일어나는지에 따라 다를 것 같습니다. 통상 '붕괴'라고 표현하는 금융위기 시점에서의 변동은, 거의 3~5년간에 걸쳐 나타는 수준의 변화가 불과 3~6개월 정도의 단시간에 나타납니다.

예를 들어 미국 S&P 500지수를 기준으로 2003년 초에 900포인트 정도였던 지수가 1,500포인트까지 오른 것은 대략 4년 정도가 걸렸습니다. 하지만 1,500포인트였던 지수가 다시 900포인트 밑으로 떨어지는 데는 채 1년도 걸리지 않았습니다.

Q. 말씀해주신 것을 보니 흥미로운데, 그렇다면 앞으로도 그렇게 상승은 길고 하락은 짧은 패턴이 반복될까요? 만약 그렇게 생각한다면 그 이유가 무엇인지도 궁금합니다.

A. 아무리 호황이라고 하더라도 기업의 본질적인 성장에는 한계가 있습니다. 그것을 넘어서는 상승을 위해서는 기대치의 급격한 변동이 필요할 것입니다.

인간의 본성은 안 좋을 때는 훨씬 더 끔찍한 상황을 상정하지만, 이미 긍정적 환경이 조성된 상황에서는 더욱 더 긍정적이 됩니다. 이 말은 시장 전반의 방향이 극단적으로 부정적으로 가는 것은 극단적으로 긍정적으로 가는 것보다 훨씬 쉽다는 의미입니다.

Q. 금융위기에서 주가 바닥을 맞추려고 하는 방법들 중에서, 이전의 금융위기 상황에서의 고점 대비 저점을 활용하는 것은 어떻게 생각하시나요?

A. 위험할 수 있다고 생각합니다. 위기 이전의 버블 크기에 따라 훨씬 더 떨어지거나 덜 떨어질 수 있기 때문입니다. 버블이 거의 없는 상황에서 위기가 닥쳤다면 주가 하락폭은 이전의 금융위기들에 비해 훨씬 더 작을 수도 있습니다.

고점 대비 저점보다는 시장 전체의 PBR이나 PER 수준 등을 활용하는 게 조금은 더 합리적이라고 생각됩니다.

둘 중에서 꼭 하나만 골라야만 한다면 PER보다는 PBR이 나을 것 같습니다. 금융위기 기간에는 PER을 계산하기 위한 이익이 현저하게 낮아져서 PER이 상대적으로 높게 왜곡될 수 있습니다. 굳이 PER을 쓴다면 금융위기 이전 몇 년의 이익 평균 등을 사용하는 게 조금은 나을 수 있습니다.

PBR을 쓰거나 '버핏지수'라고 부르는 GDP 대비 시가총액 비율 등을 쓰는 것이 그래도 PER보다는 좀 더 괜찮은 지표가 될 수 있을 겁니다.

> 시장의 타이밍을 맞출 수 있다는 말은 믿을 수 없다.
> 따라서 오로지 주가가 쌀 때 매수해야 한다는 말만 믿을 뿐이다.
> 비관적인 시장에서는 주가 하락이
> 문제의 일부가 아니라 해답의 일부가 된다.
>
> — 랄프 웬저

금융위기는 생각보다 훨씬 더 자주 나타난다

영화 〈국가부도의 날〉을 보면서 많은 생각을 했었습니다. 물론 영화적으로 각색된 부분이 많이 있기는 하지만, 전체적인 흐름에서 꼭 보여줘야 할 중요한 것은 잘 보여준 좋은 영화였다고 생각합니다.

1998년 IMF 금융위기도 벌써 20년이 넘게 지났기에, 지금의 대학생들에게는 이렇게 영화나 기록으로 간접적으로만 경험할 수 있는 위기가 되었습니다.

한국에서는 IMF 금융위기, 세계적으로는 1997~1998년 아시안 금융위기는 한국뿐 아니라 아시아의 여러 개발도상국들에게 중요한 기점이 되었습니다. 특히 국가와 국가통화의 신뢰도를 담보하는 외환보유고에 대한 관심도가 극적으로 높아진 계기이기도 합니다. 지금 한국의 외환보유고가 2020년 12월 기준으로 4,431억 달러로 세계 9위 수준인 것 또한 이때의 교훈이 반영된 결과이기도 할 것입니다.

통상 10년에 한 번 올까말까한 위기라면, 1998년 아시안 금융위기와 2008년 글로벌 금융위기를 먼저 꼽을 것 같습니다. 그 중간의 위기로는, 국내로 한정하면 2002년의 카드대란, 국제적으로는 2011~2012년의 유로존 금융위기 정도입니다. 사후적으로 생각해보면 2020년 3월을 전후한 '코로나 금융위기'는 기간이나 주가 하락폭에서 유로존 금융위기와 가장 비슷한 규모였던 것 같습니다.

대략 5년에 한 번 정도로, 원인은 다르지만 크고 작은 금융위기가 생각보다 훨씬 더 자주 나타나고 있습니다.

투자자에게 금융위기는 대단히 큰 위협인 동시에 큰 기회이기도 합니다. 물론 금융위기를 미리 예측하고 이용하는 것은 매우 어렵습니다. 하지만 지금이 과거의 주요 금융위기 중 무엇과 가장 흡사한지를 생각해보고, 앞으로의 흐름을 예측해보는 것은 중요한 시도가 될 것입니다.

금융시장은 이전에 비해 훨씬 더 국제화되어 있고, 훨씬 더 복잡한 구조와 레버리지에 의해 묶여 있습니다. 그리고 이와 같은 글로벌 금융시장을 지탱하는 것은 빌려준 돈을 돌려받을 수 있다는 '신뢰'에 근거합니다. 국가가 되었든 기업이 되었든 간에 신뢰가 무너지면 금융위기는 또다시 올 것이 분명합니다.

그리고 금융위기가 오기 전에, 금융위기에 대해 미리 진지하게 공부해보는 것은 실제로 금융위기가 왔을 때 뜻하지 않은 도움이 될 수도 있을 것입니다.

열여섯 번째 대화

주식투자와 위험

주식마다 위험의 크기가
다르다는 것을 알아야 한다

Q '수익률'보다는 '위험'에 대해서 계속 강조를 하고 계십니다. 이번 장에서는 주식투자와 위험에 관해 생각해보기로 하죠. 우선 주식투자에 있어서 무엇을 위험이라고 보시나요?

A 대체로 많은 분들이 주식투자의 위험에 대해 단기적인 가격변동성이 크다는 점을 꼽으시지만, 제 경우에는 사업위험을 훨씬 더 중요하게 봅니다.

기업은 무엇이든 사업을 해서 돈을 법니다. 따라서 기업에 투자하는 것은 기업이 사업에서 망할 위험도 공유하는 것을 의미합니다. 기업에 투자한다는 것은 그 기업이 벌어들이는 수익만을 분리해 공유할 수는 없습니다.

가격변동성의 위험은 분산투자나 장기투자를 통해 어느 정도 회피할 수 있습니다. 하지만 사업에서의 위험은 회피할 수 없습니다. 주식을 매매의 관점이 아니라 투자의 관점으로 본다면 꼭 짚고 넘어가야 할 부분이라고 생각합니다.

Q. 듣고 보니 일리가 있습니다. 주식에 투자하는 것이 기업에 투자하는 것이라면, 기업이 지고 있는 위험도 같이 가져가야 한다는 말씀인데요. 그렇다면 주식마다 위험의 정도가 많이 다른가요? 위험과 수익의 관계는 어떻게 이해하면 될까요?

A 네. 매우 다릅니다. 생각보다 더 많이 차이가 납니다.

다시 강조하지만 기업에 투자하는 것은 사업에 투자하는 것입니다. 예를 들어 커피숍을 창업한다고 하면 스타벅스 같은 대형 프랜차이즈를 택할 수도 있고, 작은 프랜차이즈를 택할 수도 있고, 단독으로 창업할 수도 있습니다. 이론적으로 볼 때 같은 돈을 투자한다고 하면, 스타벅스의 기대수익률이 가장 낮아야 합니다. 상대적으로 가장 적은 위험을 지기 때문입니다.

주식시장에서의 위험과 수익의 관계도 비슷합니다. 예를 들어 삼성전자 주식의 장기적인 주가수익률은 삼성전자의 2차, 3차 하청업체들의 주가수익률보다 낮을지도 모릅니다. 이는 어떻게 보면 매우 합리적인 결과입니다. 삼성전자의 사업위험이 하청업체들에 비해서 현저하게 낮을 수 있기 때문입니다.

그리고 모든 기업들의 사업위험이 다른 만큼, 상장주식이라고 하더라도 각각의 주식들의 위험수준은 엄청나게 큰 차이가 있다고 생각합니다. 대형주나 대기업이라고 해서 꼭 안전한 것도 아닙니다. 같은 대형주 안에서도 어떤 사업을 하는가에 따라서 위험의 차이는 매우 클 수 있습니다.

 이는 유튜버들이나 펀드들의 과거 높은 수익률을 조심해서 봐야만 하는 이유가 되기도 합니다. 위험을 얼마나 졌는지는 유튜버나 펀드매니저도 본인조차도 정확히 알 수가 없습니다. 만약 실제로 엄청나게 높은 수익률을 냈다고 하더라도 엄청나게 높은 위험을 진 결과라면, 그것은 당연한 보상으로 봐야 합니다. 실력이 좋았던 결과가 아닐 수도 있다는 이야깁니다.

성장률이 지나치게 높은 기업은
그만큼 많은 리스크를 수반한다.

― 존 네프

Q. 주식마다 위험의 크기가 다르다는 말이 핵심으로 들립니다. 혹시 위험을 쉽게 평가할 수 있는 방법은 없을까요?

A. 위험을 정확하게 측정하는 것은 불가능합니다. 그래도 최소한 3가지 정도는 짚어볼 필요가 있습니다.

첫 번째는, 사업이 영속적인가 하는 문제입니다. 좀 더 구체적으로는 10년 내에 없어질 수도 있을까를 가늠해보면 대략 판단할 수 있습니다.

두 번째는, 지금 돈을 벌고 있는가 하는 문제입니다. 돈을 벌고 있는 기업이 뭔가 새로운 것을 하는 것과 그렇지 못한 기업이 새로운 것을 하는 것은 매우 큰 차이가 있습니다. 현재의 재무상태 또는 재무구조에 대한 문제라고 봅니다.

마지막은, 시장에서의 입지 정도로 보면 될 것 같은데, 상대적으로 갑의 위치에 있는가 을의 위치에 있는가의 문제를 생각해볼 필요가 있습니다. 조금 더 구체화한다면, 가격을 결정하는데 있어서 가격을 갑자기 5%나 10%를 인상한다고 했을 때, 이 기업의 제품을 사가는 상대방이 과연 순순히 받아들일 것인가의 문제를 놓고 생각해보면 될 것 같습니다.

요즘은 플랫폼 쪽에서는 무료서비스들도 많습니다. 그 기업이 무료서비스를 갑자기 오늘부터 유료화한다고 할 때 과연 결제를 할지 사용을 끊을지를 고민해보는 것도 좋은 접근이라고 생각합니다.

Q 부채비율이나 유동비율 같이 재무비율을 통한 접근을 말씀해주실 것 같았는데 의외입니다. 재무상태표나 손익계산서를 볼 필요는 없는 건가요? 재무상태나 재무구조에 대해 유의해야 할 점은 어떤 것들이 있는지 궁금합니다.

A 산업별로 차이가 너무 커서 부채비율이나 유동비율로 정량적으로 자르는 것은 의미가 없는 것 같습니다.

가장 간단한 방법은 신용등급을 보는 것입니다. 신용등급이 A+ 이상이면 대체로 재무비율들을 꼼꼼하게 보는 것은 의미가 크지 않다고 생각합니다.

그 다음에 확인하는 숫자는 재무상태표의 현금 및 현금성자산이나 기타금융자산 등 단기금융자산들입니다. 예를 들어 매출액이나 시가총액이 1,000억 단위 정도 되는 회사에 현금이나 금융자산이 수십억 정도도 안 된다면 의심해볼 필요가 있을 것 같습니다.

마지막으로 확인할 것은 영업현금흐름입니다. 한두 분기 정도가 아니라 몇 년씩 영업현금흐름이 적자라면 피하는 것이 좋을 것 같습니다.

지금 말씀해드린 3가지는 모두 네이버 증권에서 클릭만 몇 번 하면 되는 간단한 내용들입니다. 한계점은 있지만 복잡한 재무제표 분석보다 실용성은 훨씬 높다고 생각합니다.

═══════════════════ 권 교수의 ZOOM IN ★★★

'초심자의 행운'에 주의하라

  개인투자자들에게 '초심자의 행운'은 대단히 유명한 말이지만, 그 이유에 대해서는 아직까지 명확하게 알려지지 않았습니다.
  하지만 그 이유는 생각보다 매우 간단합니다. 초심자들의 경우 아는 기업이 많지 않습니다. 따라서 개인투자자에게 처음 투자해본 기업을 물어보면 주로 국내에서는 삼성전자와 같은 브랜드가 잘 알려진 대기업이나, 최근에는 애플이나 구글, 스타벅스 같은 다국적기업 중에서 인지도가 매우 높은 기업들에 투자하는 경우가 많습니다.
  이와 같이 투자자가 비교적 좁은 인식 범위 안에서 투자를 할 때는 투자의 시작 시점이 어마어마한 버블만 아니라면 투자 성과도 좋게 나오는 경우가 많습니다. 아마도 정말로 엄청나게 '게으른 투자자'가 있어 평생 주식투자를 시작하기 전부터 알고 있던 기업들에만 투자하고 방관한다면 정말로 간단하게 대단한 부자가 될 수도 있을 것입니다.

하지만 초심자의 행운은 인지의 범위가 넓어지면서 급격하게 무너집니다. 흔히 말하는 '주식을 좀 알아가기 시작하면서' 그렇습니다.

실제로 많은 사례들을 보면, 개인투자자가 가장 큰 손해를 입는 경우는 첫 번째나 두 번째로 투자했던 기업이 아니라 그 이후에 투자한 기업에서 발생하는 경향이 있습니다. 특히 많은 경우에 그 기업은 아주 작은 기업이거나 직접 한 번도 써보지 못한 미심쩍은 제품이나 서비스를 판매하는 기업인 경우가 허다합니다. 이와 같이 주식시장에서 어설프게 아는 것은 아예 모르는 것보다 훨씬 더 치명적인 위협이 됩니다.

그렇다면 왜 초심자들이 이렇게 인지의 범위를 급격하게 넓히는지를 생각해보겠습니다. 한 줄로 요약하면 결국 인간의 욕심이 문제입니다.

투자를 시작하면서 여러분은 상한가를 맞는 기업들, 또는 몇 배씩 오른 기업들을 매일 적어도 하나 이상 보게 될 것입니다. 그리고 아마도 여러분이 지금 투자하고 있는 바로 '그' 기업은 남들이 하루에도 열두 번은 맞는 것 같은 상한가에 한참 미치지 못하는 매우 한심한 모습만을 보이고 있을지도 모릅니다.

문제는 주식은 누구든 언제나 살 수 있다는 점입니다. 어느새 초심자들은 마치 나도 잡을 수 '있었을 것 같은' 바로 저 기회를 놓친 것을 후회하고 분노합니다.

    결과적으로 초심자들은 어느새 처음의 조심스러운 모습을 걷어치우고, 당장 내일부터 상한가를 갈 것 같은 바로 그 종목을 찾아 헤매게 되는 것입니다.

열일곱 번째 대화

워런 버핏과 가치투자

당신에게 '워런 버핏'이란?

Q 엉뚱하게 들릴 수도 있는데, 왜 아직도 워런 버핏입니까? 사실 최근 얼마간의 수익률만 보면 이전만 못하다는 말이 나오고 있는 것이 사실입니다. 평소 가장 존경하는 투자자로 워런 버핏을 꼽으셨던데, 특별한 이유가 있을까요?

A 워런 버핏이 많은 사람들에게 존경을 받는 이유는 단순히 돈을 가장 많이 벌어서라거나 수익률이 높아서는 아닙니다. 특히 기업의 장부상의 가치를 넘어선 기업의 본질가치를 볼 수 있는 과정을 직접 보여주었다는 점에서 버핏의 특별함이 있다고 생각합니다.

최근 기업의 장부가치가 기업의 본질가치를 제대로 대표하지 못하는 기업들이 정말 많습니다. 심지어 PBR이 높으면 높을수록 기업의 사업의 질은 더 좋다는 생각이 들 정도입니다.

그래서 더 워런 버핏에게는 특별함이 있다고 생각합니다. 장부에는 표현되지 못하지만 기업의 가치에 반영되어야만 하는 역량 말입니다. 워런 버핏은 이런 것들을 기업의 본질가치에 반영해야만 하고, 또 이를 실제 투자 성과로 검증했다는 점에서 이전의 투자자들과 차별점이 명확합니다.

이는 벤저민 그레이엄에서 이론적으로 정리된 가치투자를 워런 버핏이 단순히 실증한 것에 그치지 않고 보다 발전시켰다는 것을 의미하기도 합니다.

Q. 워런 버핏이 얼마나 돈을 많이 벌었느냐는 중요하지 않다는 말인가요? 투자자는 이론가가 아닙니다. 투자자의 성과는 수익률로 평가받는 것은 당연한 것이 아닌가요?

A 영화감독은 필모그래피로 평가할 수 있습니다. 좋은 영화를 만드는 사람과 천만 영화를 만든 사람, 둘 중에서 앞으로 더 좋은 결과를 만들어낼 사람으로 어느 쪽을 택할지는 전적으로 투자자의 몫입니다.

이는 좋은 영화는 시장의 관심을 받을 가능성이 상대적으로 높다는 것과, 지금까지 좋은 영화를 만든 감독이라면 다음 작품도 좋은 영화일 가능성이 높다는 가정에 근거합니다.

물론 이 가정이 항상 정확하지는 않기 때문에, 천만 영화를 찍은 감독이 그 다음 작품에서는 좋은 성과를 내지 못하는 경우도 있고, 오랫동안 영화에 비해 관객 수가 많이 들지 않던 감독이 갑자기 크게 성공하기도 합니다.

투자의 수익률은 영화에 비해서도 더 과정을 제대로 대변하지 못하는 경우가 많습니다. 좋은 기업이 꼭 최고의 수익률을 내는 것은 아닙니다. 주식시장은 영화보다도 훨씬 더 운의 영향을 많이 받는 시장입니다. 따라서 투자자의 수익률, 특히 단기수익률로 투자자의 성과를 함부로 평가해서는 곤란하다고 생각합니다.

주식시장의 경우 때로는 큰 위험을 감수하면서 큰 수익을 얻는 것도 시도해볼 수 있고, 결과와 상관없이 굉장히 위험했던 과정으로 겪기도 합니다. 결과가 과정을 어느 정도 가늠해주는 것들이 있고, 그렇지 않은 것들이 있습니다.

하지만 수익률은 대표적으로 과정을 가늠하기 힘든 평가지표입니다. 단기간인 경우 더욱 그렇습니다. 단기간의 수익률로 투자자를 평가하는 것은 누가 누가 더 운이 좋았는지를 평가하는 것과 별 차이가 없다고 생각합니다.

수익률이 어느 정도 쓸 만한 평가지표가 되려면 굉장히 긴 기간 동안 결과뿐 아니라 과정까지 공개되어 있어야만 의미가 있다고 생각합니다. 워런 버핏이 바로 그러한 예외적인 경우입니다.

Q. 워런 버핏은 탁월한 기업을 굉장히 강조하는 투자자입니다. 그럼 탁월한 기업만 모아가면 되는 건가요? 다른 고려해야 할 요소는 없을까요?

A. 갖고 있는 돈이 충분히 많다면 좋은 기업만 잘 모아도 됩니다. 하지만 실제로는 절대 그렇지 않다는 것이 문제입니다. 이는 연봉과는 상관없이 최고의 선수를 모으는 것이 불가능한 것과 같습니다. 국가대표팀에서나 가능한 일입니다.

만약 돈이 정말 많은 경우, 적어도 먹고 살 걱정은 절대 없다고 확신할 정도의 자산이 있다면 이름난 훌륭한 기업들만을 잘 모아나가는 것도 정말 괜찮은 투자법이라고 생각합니다. 훌륭한 기업이 대단히 놀라운 성과를 오랫동안 이어가는 경우는 생각보다는 꽤 자주 있기 때문입니다.

하지만 대부분의 투자자들은 가격에 대해서 고민을 해야 합니다. 특히 아무리 훌륭한 기업이라도 엄청나게 비싸다면 안타깝지만 살 수 없습니다. 과자가 아무리 맛있다고 하더라도 2,000원이나 3,000원, 혹은 5,000원에는 살 수 있을지 몰라도 10만 원 또는 100만 원에 사지 않는 것과 같습니다.

가치투자의 핵심은 가치와 가격의 비교입니다. 가격에 대해 전혀 고려하지 않는다면 아무리 훌륭한 기업에 투자한다고 하더라도 그건 가치투자로 보기는 어렵다고 생각합니다.

Q. 그러면 시장을 분석하고 맞춰가는 게 중요할까요? 내 할 것을 잘 하는 것이 더 중요할까요?

A. 내 할 것을 먼저 잘 해야 한다고 생각합니다. 시장에 너무 매몰되면 내 할 것을 제대로 못하게 될 수 있습니다. 그러면 당연히 처질 수밖에 없습니다. 일단 내 할 것을 제대로 잘 하는 상황에서 시장에 눈을 돌릴 여유가 있는 건 나쁘지 않습니다.

그리고 시장은 생각보다 꽤 공평합니다. 오래 머무르다 보면 이상하게 좋을 때도 있고 이상하게 나쁠 때도 있습니다. 하지만 내 할 것을 똑바로 안 해놓은 상황에서는, 이상하게 시장이 좋을 때도 돈을 못 벌고, 이상하게 나쁠 때는 정말 되는 게 하나도 없을 것입니다. 결국 돌고 돌아 기업분석과 가치평가로 돌아오는 이유가 바로 여기에 있습니다.

시장은 최악이라도 최고의 선택을 하는 것이 중요합니다. 최악의 시장에서 나와야 하는 이유를 찾는 것 또한 모든 기업이 비싸다는 사실 판단에 근거합니다. 시장이 최고일 때도 마찬가지입니다.

최근 버크셔 해서웨이 주식의 장기수익률이 많이 떨어진다는 지적이 있습니다. 변명처럼 들리겠지만 버크셔 해서웨이의 위험 수준이 S&P 500에 비교할 수 있을 정도로 낮은 것이 가장 중요한 원인이라 생각합니다.

버크셔 해서웨이는 그 자체로 아주 잘 분산된 투자 포트폴리오를 갖고 있습니다. 현금성자산도 풍부합니다. 기업이 충분히 안전하다는 것은 그 기업에 대해 기대할 수 있는 보상이 크지 않다는 말도 됩니다.

갑자기 버크셔가 엄청나게 위험한 투자를 쏟아내지 않는다면, 아마도 버크셔 해서웨이 주식의 장기수익률은 앞으로도 크게 개선되기는 쉽지 않을 것이라고 생각합니다.

> 내가 이해하는 곳에만 투자한다.
>
> – 워런 버핏

권 교수의 ZOOM IN ★★

주식시장은 감점제가 있는 시험이다

일반적으로 우리가 보는 시험에는 감점이 없습니다. 감점이 없는 시험에서는 잘 모르는 문제가 있으면 찍고 넘어가는 것이 정석입니다. 이것을 확률의 관점에서 생각해 보면 기대값이 0이 넘기 때문에 그냥 찍는 것이 합리적인 선택입니다.

감점이 없는 모든 시험, 특히 객관식 시험에 있어서 최적의 해법은 아는 문제를 풀고 모르는 문제를 찍는 것이 당연합니다. 하지만 감점제가 있는 시험에서는 합리적인 판단은 확연히 달라집니다. 풀어서 맞추면 큰 점수를 얻지만, 틀리면 오히려 감점이 됩니다.

이와 같은 상황이 되면 대체로 문제를 푸는 사람의 심리는 훨씬 더 신중해지게 됩니다. 또 맞출 수 있는 문제를 잘 골라내는 능력이 훨씬 더 부각되게 됩니다. 확실하게 맞출 수 있는 문제를 확실하게 맞추는 것은 더욱 중요해집니다. 그리고 그 못지않게 확실하게 못 맞출 문제를 깔끔하게 포기하는 능력이 아주 중요한 능력이 됩니다. 특히 돈이나 시간과 같이, 문제를 풀기 위해 사용할 수 있는 자원이 한정되어 있는 경우 더욱 더 그렇습니다.

주식시장은 전형적인 감점제가 있는 시험입니다. 따라서 주식시장에서의 규칙은 수능시험에서의 규칙과는 달라야만 합니다.

탁월하게 좋은 투자안에 투자해서 높은 성과를 거두는 것은 물론 중요하지만, 나쁜 투자안을 현명하게 피하는 것도 매우 중요합니다. 나쁜 투자안에 투자하면 손실을 입는 것에 더해서 다른 좋은 투자안에 사용할 수 있었던 기회까지 잃게 됩니다. 모든 투자자에게 투자할 수 있는 돈은 항상 부족하다는 것을 감안하면, 나쁜 투자안을 피하는 것은 좋은 투자안을 고르는 것 이상으로 중요할 수도 있습니다.

나쁜 기업을 피하는 가장 효과적인 방법이 재무제표분석입니다. 예를 들어 1) 장기간 매출액이 줄어들기만 하는 기업, 2) 매출액이나 순이익에 비해 현금흐름이 매우 좋지 않은 기업, 3) 부채가 큰 폭으로 늘어나는 기업, 4) 시장점유율이 점점 줄어드는 기업 등을 피하는 것은 나쁜 기업을 피하는 고전적이지만 간단한 방법입니다.

공시를 잘 살펴보는 것도 한 가지 방법입니다. 우회상장을 거친 기업이거나 횡령 등에 연루된 기업, CEO의 사임이 빈번한 기업 등은 나쁜 기업일 가능성이 높다고 볼 수 있겠습니다.

'가치투자' 핵심 총정리

결과보다는 과정이다

'가치투자'와 관련해 자주 언급되는 핵심 질문들과 답변을 간략하게 다시 정리해 봅니다. 한마디로 자주 나오는 기출문제인 셈인데, 그만큼 개인투자자들이 많이 궁금해하는 내용이기도 합니다. 아울러 이 책에서 강조하고자 하는 것들이기도 합니다.

Q '외국인투자자가 사면 오르고, 개인투자자가 사면 떨어진다'는 말이 맞나요?

단기적으로 외국인투자자나 기관투자자의 매매동향은 주식시장에 영향을 미칠 수는 있습니다. 하지만 평균적인 투자기간이 3개월을 넘어간다면 큰 의미가 없다고 생각하고, 만약 1년을 넘어간다면 고려할 필요가 없다고 생각합니다.

Q '저PER·저PBR 투자'는 정말 끝난 것인가요?

이전에 비해 당기순이익과 회계상의 장부가치가 기업의 본질가치를 제대로 대표하지 못하고 있는 것은 사실입니다. 특히 이전에 비해 시장에 늘어난 서비스업 기업들의 경우 제조업의 PER이나 PBR과는 구분해서 볼 필요가 있다고 생각합니다.

하지만 더 훌륭하고 보편적이며 확실하게 대체할 수 있는 지표가 생기지 않는다면, 여전히 PER과 PBR은 가장 기본적인 지표로서 의미가 있을 것으로 생각됩니다.

Q 한국 시장은 선진국 시장에 비해서 정말 후진적인가요?
👤 아직까지 아쉬운 부분이 있는 것은 사실입니다. 특히 금융범죄에 대한 처벌이 미국에 비해서는 많이 약한 편이라는 것이 아쉽습니다. 하지만 큰 차이가 난다고는 생각하지 않고, 앞으로 점점 더 나아질 것이라고 생각합니다.

Q 기업이 돈을 많이 번다고 주주들도 돈을 많이 버나요?
👤 단기적으로는 그렇지 않고, 장기적으로는 그렇다고 믿습니다.

Q 배당을 많이 주는 기업들의 성과가 그렇지 않은 기업보다 높을까요?
👤 아직까지는 배당을 많이 주는 기업이 여전히 매력이 있다고 생각합니다. 하지만 배당수익률이 높다는 이유만으로 투자를 할 것 같지는 않습니다. 배당은 기업을 평가하는 여러 가지 평가 요인들 중에 하나라고만 생각합니다.

앞으로의 배당주 투자에서 더 중요한 문제가 될 것은 배당수익률보다는 배당성장률이 아닐까 싶습니다. 최근 많은 기업들이 배당을 급격히 높이고 있습니다. 이들 기업들이 아마도 앞으로 새로운 배당주로서 부각될 가능성이 높다고 생각하고, 주가 또한 재평가를 받을 수 있을 것이라고 기대됩니다.

Q AI를 활용하면 시장을 이길 수 있을까요?

👤 트레이딩의 경우 점점 더 힘들어질 것 같습니다. 정해진 규칙을 빠르고 정교하게 지켜나가는 것에 있어서는 사람이 기계를 이길 방법이 없기 때문입니다.

하지만 투자자에게는 그렇게까지 빠르고 신속한 의사결정이 필요하지 않을 때가 많기 때문에 큰 도움이 되지 않을 것 같다는 생각을 하고 있습니다.

Q 주식투자의 기대수익률은 얼마쯤으로 생각해야 할까요?

👤 선진국의 경우 10~20% 정도가 아닐까 생각합니다. 신흥시장이라고 한다면 그보다는 더 높아야 할 것 같습니다.

한국은 현재 상황에서는 선진국 수준인 10~20% 정도로 보면 될 것 같습니다.

Q '망하지는 않을 것 같은 기업'에 투자하는 것은 올바른 투자법인가요?

👤 아니라고 생각합니다. '망하지 않을 만하다'는 것은 상장기업에 투

자할 때는 단지 전제조건에 불과합니다.

절대로 망할 가능성이 없어 보이는 기업과 웬만하면 망할 가능성이 없어 보이는 기업의 차이는 크지 않다고 생각합니다.

부도 위험이 거의 없다는 것은 중요한 참고사항이기는 하지만 투자를 결정짓는 원인이 되어서는 곤란합니다. 모든 투자에는 위험이 따르기 마련입니다.

훨씬 더 중요한 것은 위험 대비 수익률입니다. 위험이 다소 있더라도 탁월한 수익률을 기대할 수 있다면 투자할 수 있습니다. 그 반대로 수익률의 기대치는 다소 작더라도 위험이 현저하게 적다면 그 또한 훌륭한 투자 대상이라고 할 수 있습니다.

Q 좋은 기업은 좋은 주식인가요? (또는 좋은 기업의 주식을 사는 것은 좋은 투자인가요?)

이것도 아니라고 생각합니다. 가격에 대한 고려가 되지 않았기 때문입니다. 아무리 좋은 기업이라도 엄청나게 비싸다면 좋은 투자 대상은 아닙니다.

다만 나쁜 기업에 대해서 단지 싸다는 이유로 투자하는 것은 그보다도 훨씬 더 위험합니다. 겉으로 보기에 그저 나빠 보이는 정도의 기업일지라도 그 속을 열어보면 아주 곪아 있는 경우가 많기 때문입니다.

Q '투자'와 '재테크'는 어떤 관계인가요?

겹치는 부분이 많지만 차이는 분명히 있다고 생각합니다.

예를 들어서 절약이나 통장관리와 같은 것들은 재테크에서는 중요할 수 있지만 투자와는 관련이 적다고 생각합니다.

재테크에서는 주식을 사야 하는 당위성은 설명해도 도대체 어떤 주식을 사야 하고 얼마에 투자해야 할지에 대해서는 구체적이지 못합니다. 반면 투자에서는 바로 그런 것을 결정해야 한다는 점에서 분명한 차이가 있다고 생각합니다.

마무리하는 글

그래서 내일 뭘 사면 됩니까?

이 책을 시작하면서 가장 힘들었던 것은 실질적인 도움이 될 수 있는 글을 작성하는 것이었습니다. 주식시장에 대한 좋은 책은 이미 충분히 많습니다. 대부분의 개인투자자들은 몰라서 틀리는 것이 아니라 하지 않아서, 또는 하기 힘들어서 틀리는 것이라고 저는 생각합니다.

가치투자는 '돈에 대한 욕심을 쉽게 억누를 수 있을 정도로 이성적이며, 주식투자의 성과를 높이기 위해 책이나 사업보고서를 읽는 것을 얼마든지 하고자 하는 사람들'에게는 그야말로 완벽한 방법입니다. 하지만 대부분의 투자자들은 『현명한 투자자』나 『증권분석』을 읽는데 단 일 분도 쓰고 싶어 하지 않습니다.

모든 주식투자 강의의 마지막은, 내용은 참 괜찮은데 '그래서 내일 뭘 사면 됩니까?'라는 질문으로 끝난다는 점은 100년 전이든 지금이든 바뀌지 않을 것입니다.

이 책은 투자자들이 가치투자에 작은 관심을 갖고, 한번 가치투자를 시작해보려는 생각을 하게 만드는 하나의 계기가 되었으면 합니다.

일반적인 가치투자자들에게 이 책은 통념에 크게 어긋날 수도 있습니다. 세스 클라만Seth A. Klarman이 『안전마진Margin of safety』에서 강조한 것과 같이, 훌륭한 가치투자자가 되기 위해서는 '엄청난 강도의 노력과 엄격히 지켜야 할 원칙뿐 아니라 장기적인 시각'이 필요합니다.

또 그렇게 하기 위해 필요한 막대한 시간과 치열한 노력을 통해 이미 정상에 오른 사람들에게 이 책은 참으로 하찮아 보일지도 모릅니다. 그럼에도 확언할 수 있는 것은 대부분의 개인투자자들은 전업투자자들이 보기에는 굉장히 '게을러 보일 수밖에' 없다는 것입니다.

직장인에게 또는 자영업자에게 "유일한 휴식시간인 저녁과 주말을 모두 바쳐가면서 투자공부에 매진하면 십 년 정도 후에는 주식투자로 성공할 수도 있지 않을까 싶은데?"라고 말하는 것은 너무나 가혹한 일이라고 생각합니다. 그리고 그런 사람들이 하루 24시간 주식만 바라보는 사람들과 경쟁을 하게 만드는 주식시장은 일견 공평해 보이지만 실제로는 시작부터 크게 '기울어진 운동장'일 수도 있습니다. 그렇다고 존 보글John Bogle의 말과 같이 인덱스펀드나 ETF를 사면된다고 일축하기에는 너무나 많은 사람들이 주식시장에 이미 뛰어들고 있고, 앞으로도 수없이 뛰어들 것임은 분명한 현실입니다.

그렇다면 "이런 파트타임 투자자들이 선택해야 하는 투자법은 전문투자자나 펀드매니저들에 비해 뭔가 조금은 달라야 하지 않을까?", "뭔가 달라야 한다면 도대체 무엇이 달라야 할까?", "단지 소소한 노력이지만, 그 노력들을 잘 모아 최선의 결과를 낼 수 있는 방법은 없을까?" 같은 질문에 대한 답으로서 이 책이 구상되었습니다.

이 책의 독자들에게 있어서 주가의 급등이나 급락이 더 이상 놀랍거나 새롭거나 가슴이 떨리는 일이 아니라, 무덤덤하고 자연스러운 일로 이해되기를 바랍니다. 내가 투자한 기업의 주가가 급락하는 것이 유니클로에서 오늘부터 겨울내복을 50% 바겐세일 하는 것과 같이 인식되기를 바랍니다. 주식을 내일 당장 사려고 애쓰지도 않고, 그렇다고 주식을 당장 팔아버리려고 애쓰지도 않기를 기대합니다. 그리고 주식을 사는 것이 오늘 점심 메뉴를 고르는 것처럼 자연스러운 일이 되기를 희망합니다.

음식 맛이 좋은데 싸면 계속 갈 수도 있고, 메뉴는 여전히 맛있고 주방장이 바뀐 것도 아닌데 엄청나게 할인까지 한다면 가끔은 두 그릇 더 먹어줄 수도 있을 것 같습니다. 그리고 3년, 5년, 10년을 들러도 계속해서 싸고 맛있다면 10년 정도는 그 음식점의 단골이 되어보는 것 또한 나쁘지는 않을 것 같습니다.

훌륭한 음식점을 추천받아 매일매일 점심식사를 하러 가듯이, 주식시장에 들어오는 '처음부터' 훌륭한 주식을 고르고, 그 옆에서 계좌가 풍요로워지는 것을 마음 편히 지켜볼 수 있는 개인투자자들이 더욱 많아질 수 있기를 진심으로 바라며 이 책을 마칩니다.

함께 읽으면 좋은 부크온의 책들

- 벤저민 그레이엄의 성장주 투자법 — 프레더릭 마틴
- 가치투자는 옳다 — 장마리 에베이야르
- 박 회계사의 재무제표 분석법 (개정판) — 박동흠
- 워런 버핏처럼 주식투자 시작하는 법 — 메리 버핏, 션 세아
- 인생주식 10가지 황금법칙 — 피터 세일런
- 주식고수들이 더 좋아하는 대체투자 — 조영민
- 금융시장으로 간 진화론 — 앤드류 로
- 현명한 투자자의 지표 분석법 — 고재홍
- 투자 대가들의 가치평가 활용법 — 존 프라이스
- 워런 버핏처럼 가치평가 시작하는 법 — 존 프라이스
- 투자의 가치 — 이건규
- 워런 버핏의 주식투자 콘서트 — 워런 버핏 강연 모음
- 적극적 가치투자 — 비탈리 카스넬슨
- 투자의 전설 앤서니 볼턴 — 앤서니 볼턴
- 주식투자자를 위한 재무제표 해결사 V차트 — 정연빈
- 워런 버핏의 ROE 활용법 — 조지프 벨몬트
- 주식 PER 종목 선정 활용법 — 키스 앤더슨
- 돈이 불어나는 성장주식 투자법 — 짐 슬레이터
- 현명한 투자자의 인문학 — 로버트 해그스트롬
- 워런 버핏만 알고 있는 주식투자의 비밀 — 메리 버핏, 데이비드 클라크
- 박 회계사의 사업보고서 분석법 — 박동흠
- 이웃집 워런 버핏, 숙향의 투자 일기 — 숙향
- NEW 워런 버핏처럼 적정주가 구하는 법 — 이은원
- 줄루 주식투자법 — 짐 슬레이터
- 경제적 해자 실전 주식 투자법 — 헤더 브릴리언트 외
- 바이오 대박넝쿨 — 허원
- 붐버스톨로지 — 비크람 만샤라마니
- 워렌 버핏처럼 사업보고서 읽는 법 — 김현준
- 안전마진 — 크리스토퍼 리소길
- 주식 가치평가를 위한 작은 책 — 애스워드 다모다란
- 워런 버핏처럼 열정에 투자하라 — 제프 베네딕트
- 고객의 요트는 어디에 있는가 — 프레드 쉐드
- 투자공식 끝장내기 — 정호성, 임동민
- 앞으로 10년을 지배할 주식투자 트렌드 — 스콧 필립스
- 워런 버핏의 재무제표 활용법 — 메리 버핏, 데이비스 클라크
- 현명한 투자자의 재무제표 읽는 법 — 벤저민 그레이엄, 스펜서 메레디스

지은이 _권용현

창원대학교 경영대학 글로벌비즈니스학부(금융보험트랙) 조교수. 연세대학교 전기전자공학부 재학 중 연세대학교 투자동아리(YIG: 연세투자그룹)에서 활동하면서 가치투자의 원칙에 깊이 공감하였다. 2010년 KAIST 기술경영학부 대학원 석사과정으로 입학한 직후 네이버 카페 '가치투자연구소'에 매달 말일에 주식 포트폴리오를 게재하기 시작하여 2022년 현재까지 12년 동안 정기적으로 업로드하고 있으며, 2017년 4월부터 투자 전문 사이트 '아이투자'에 '넥클리스'라는 필명으로 정기적으로 칼럼과 서평을 게재하고 있다. KAIST에서 기업재무 전공으로 박사학위 취득 후 2018년 3월 고려대학교 세종캠퍼스 조교수로 임용되었다. 2019년 9월부터는 창원대학교에서 조교수로 근무하고 있다.